別讓
孩子繼續錯過
生命
這堂課

台灣教育的
缺與盲

楊照 著

〔自序〕

有什麼樣的教育，就有什麼樣的未來

最早最早，是要寫一本延續並回答《十年後的台灣》的書。二〇〇五年，我寫了一本由前瞻台灣未來的角度，檢討當時台灣現實的書。採用的前瞻角度，以十年為期，所以書名叫做《十年後的台灣》。很快地，整整十年光陰過去了，一些還記得那本書的朋友、讀者陸續好奇發問：「十年到了，你現在怎麼看？」

誠實說，有很多十年前我憂心討論的台灣問題，並未有根本的改變。例如不習慣長期思考、民主文化遲遲無法建立、經濟上產業發展過度集中等等。若全面認真檢視，十年後再寫的書，很大一部分內容恐怕會和十年前寫的重複、重疊。

所以，後來稍稍改變了方向，我想寫一本書集中處理一個這幾年令我感慨甚深的矛盾：為什麼活在這個社會中，我們經常被各種現象弄得很焦躁、很生氣、也很擔心；可是拉開了一點距離，總體式的鳥瞰，或從別人的眼光中看，台灣卻很不錯，有很多值得肯定的地方？

多年持續認真思考，我的看法是：如果看現實，將現實和過去相比，台灣真的很不錯，一直進步並創造出許多新的成就來，不容否認。然而，這樣的發展現實，究竟有多堅固的基礎，能繼續走多久、走多遠，卻始終讓人無法放心。每天每天各個領域都會有冒發出來的荒謬行為、荒謬言論、荒謬現象，提醒我們：這社會並不是真正健康的，到處都有扭曲的力量在作用，隨時在侵蝕、攻擊我們好不容易得來的成就。

也就是說，現實或許不錯，但往前的未來籠罩在陰影中。我想好書名：《再十年後的台灣》，一方面指涉從二〇〇五年到二〇一五年這十年，另一方面放眼看台灣要走到二〇二五年逃不過必須通過的考驗。

比對有成就的現實和不安動搖的未來，無可避免地，教育議題就衝到最前面來了。現實和未來最重要、也最直接的聯繫，就是教育，今天這個社會有怎樣的教育，也就決定了教出來的人未來會組成怎樣的新社會。一步一步，我釐清了自己的想法，我對台灣未來的憂慮，很大一部分源於對教育的痛心。

寫著寫著，《再十年後的台灣》的關懷面就逐漸偏斜了，愈來愈偏向教育體制與教育理想的討論。一度，我還覺得應該保留《再十年後的台灣》這個書名，以示和《十年後的台灣》之間的延續性。後來和「時報出版」的宜芳、安妮討論後，她們說服我放棄了《再十年後的台灣》，老老實實地從書名到內容，集中談教育，只談教育。

也要特別感謝宜芳和安妮，她們具體建議我將過去兩年對於德國教育的觀察，一併進行整理，可以讓教育理想更容易和讀者溝通。接受了她們的建議，我新寫了前面開頭的第一部，也對第二部做了相當幅度的刪節。

這本小書先交代作為一個父親，從女兒由台灣去到德國的經驗中，我學到了什麼、體會了什麼；然後不能免於悲憤地從幾個方向提出對於台灣教育的「缺與盲」的觀察。談追求知識的根本動機、談教育現實所造成的巨大浪費、談以考試為中心的教學對教育產生的扭曲、談教育在公平性上的嚴重失衡、談品德、品質與品味、談教育與社會的脫節，最後談媒體、訊息對教育產生的巨大衝擊破壞。

出版這樣一本書，和當年出版《十年後的台灣》有著完全一樣的心情——作為一個公民的不能已於言，生活在這個社會，就不能忍心看棟梁傾頹而不試著做些什麼，即便早就知道自己的力量和那巨棟豪梁相比，如此微不足道。

Contents
目錄

第二部　台灣教育現場：被忽略的7堂生命必修課

第一部

德國教育現場：德國求學給女兒的兩堂震撼課

二〇一四年六月，女兒李其叡在台北國家音樂廳，和台北愛樂協奏演出舒曼的a小調鋼琴協奏曲，那是她轉到德國漢諾威求學後，第一次回台灣演奏。

配合音樂會的宣傳，她接受了幾個媒體的採訪，很自然地會被問到在德國求學的感受。回答時，十五歲的她說：「在一種新的、不熟悉的語言環境裡上課，很辛苦，但至少，我這一年還可以有生活。」

陪在旁邊聽她說出這樣的話，我有很深的感觸。「有生活」，這不是好的中文表達，但直接、貼切地總結了她的經驗，或說，她比對自己的經驗和那一年留在台灣唸國三的其他同學之間的差異。

我知道這過程的來龍去脈，更清楚記得她從台灣到德國的步步曲折。話說從頭，好像該自她小學六年級參加YAMAHA鋼琴比賽說起。從小學鋼琴，一路唸光仁小學音樂班、古亭國小音樂班，參加比賽是她成長中日常生活的一部分。那一次，因為是二〇一〇年，蕭邦兩百歲紀念年，所以初賽指定曲目都是蕭邦的作品。進入決賽，她又選了一首蕭邦——作品二十三號的「第一號敘事曲」。

比賽結果，她得了第二名。從她音樂學習上來說，比賽名次相對是最不重要的。比較重要的是她更進一步體會、琢磨了什麼是「蕭邦之聲」，另外接受挑戰去處理「第一號敘事曲」龐大的結構與複雜的樂思。更重要的是，藉由在比賽中的表現，她替自己爭取到了比賽評審之一：魏樂富、魏老師（編注：Rolf-Peter Will，鋼琴家，一九五四年生於德國，畢業於漢諾威音樂院，紐約 Manhattan School of Music 鋼琴演奏博士。目前為國立台北藝術大學教授）的注意。

賽後，透過葉綠娜老師的轉達，魏老師告訴其叡，很欣賞她演奏時所具備的特殊能力——有效藉音樂和觀眾溝通，感染觀眾的能力。這短短的訊息，對她意義非凡。當時她隱約知道鋼琴演奏最吸引她的，不是成績、不是名次、不是語言的讚美，而是演奏當下，在台上的一種神奇狀態。她無法對自己、對別人解釋那是什麼，魏老師幫她解釋了：她喜歡、能夠享受用音樂感染、影響觀眾的情境。

也從此開啟了她和魏樂富老師學習的機會。小學畢業，其叡接著考上了師大附中音樂班，很自然地，魏樂富老師成了她的鋼琴主修老師。

國中一年級，她練習了另一首「大曲」——李斯特的「第一號魔鬼圓舞曲」。學這首曲子，讓她得以充分體會魏樂富老師獨特、截然不同的教導。首先是老師對於這首曲子的高度與趣衝擊了她。不論之前面對多少學生、教過多少次，魏老師隨時都在發掘這首樂曲的可能性，而且這首樂曲真的經得起持續不斷的發掘，沒有窮盡的終點。

一次又一次讀譜，永遠都能找到原先沒讀到、沒注意到的細節。也許是李斯特標註的一個表情記號，也許是一個不尋常的轉調變化，也許是巧妙的和聲安排，也許是潛藏的前後呼應。

樂譜之外，還有各種相關的知識與訊息。「魔鬼」、「浮士德」、拉瑙的戲、李斯特原來想要將拉瑙全劇分別寫成樂曲的計畫、這「第一號」和其他幾首「魔鬼圓舞曲」之間的關係。再拉出去，值得注意、值得討論的，有拉瑙的「浮士德」和歌德的「浮士德」之間的異同，魔鬼的性格與表現方式，乃至於「浮士德」主題在德國、在歐洲的種種面向流變。

從魏老師那裡，她接受了一種不同型態的音樂教育，不斷擴張、延展，彷彿沒有邊際，也就沒有特定目的的教育方式。

第1課——人生的學習無所不在

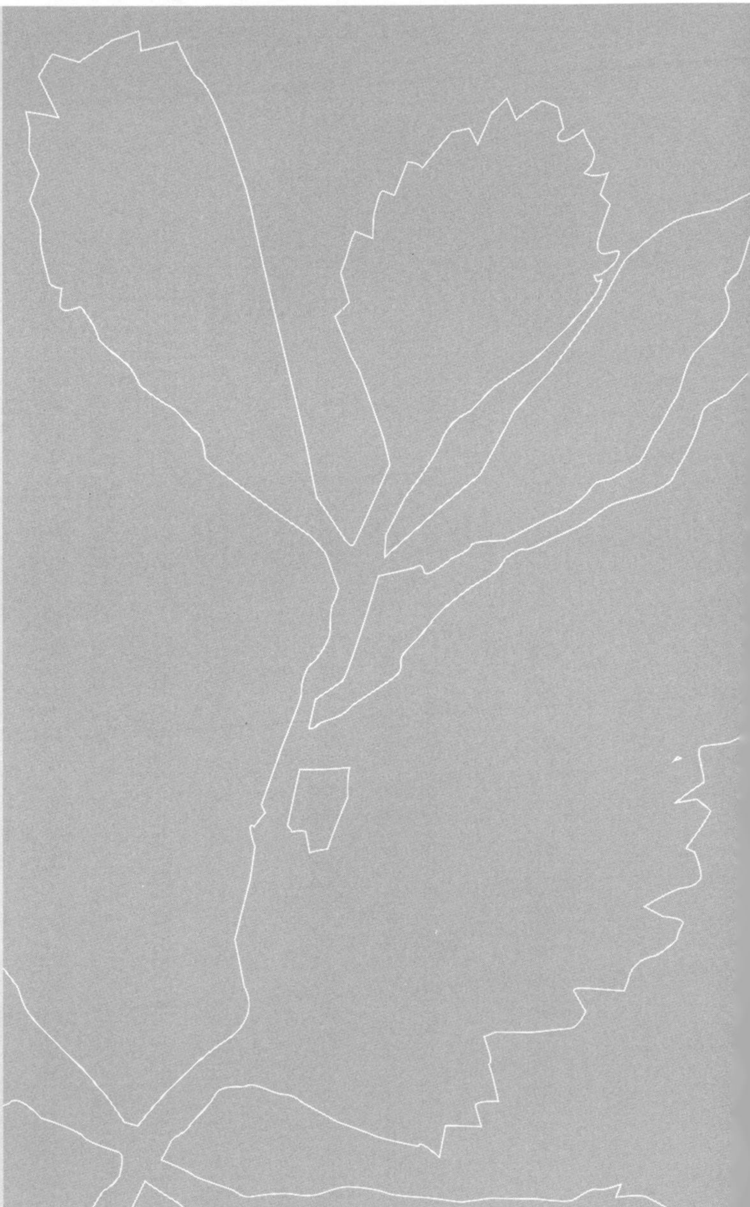

音樂班卻少有人對音樂有興趣

和魏老師的關係，開啓了女兒對於德國的好奇；也開啓了她自主對於台灣教育現況的觀察。一路唸音樂班的過程，有些特殊的經驗就是繞不過去。例如，早在小學三年級，對她來說，一切（包括音樂之於自己究竟是什麼）都還懵懵懂懂時，班上同學的家長就有人經常大言夸夸地計畫要將孩子送到維也納或紐約去。在鋼琴演奏上表現得稍微好一點，一定就會引來或熟識或陌生的大人問她，或在她面前問我們：「打算讓她幾歲出國？」

例如，經歷了嚴格、痛苦的入學考試，拚得死去活來進了第一志願的國中音樂班，開學一個星期，第一堂生物課，生物老師就以一副心知肚明的態度問：「班上將來要『升學』，而不是要繼續唸音樂班的舉手。」結果，毫不遲疑、毫不需要掩飾，大方舉手的同學竟然就占了三分之一。

又例如，即便在和她從國小音樂班一起升入國中音樂班的同學中，都找不到對音樂話題有任何一點興趣的人。有一天放學，她帶點感嘆、帶點無奈地跟我提起班上一個男生的名字。那男生，不幸地，是她最不欣賞的那型，小氣、計較、自戀、對考試成績過度重視……，但是，這個男生卻有一個她無法否認的優點──「講到音樂，全班總是只有他一個人有反應！」

這些現象，明明如此不正常，不正常到荒謬的地步，但在台灣，在女兒親歷的教育現場，卻被簡單、直接的視為理所當然。

國中二年級，她開始認真考慮是不是要繼續留在台灣。我知道她心裡其實有很强烈的衝動不想離開，她的首要傾向，是找到理由讓自己出不去，不用出去。國中一年級的暑假，她去了美國參加音樂營，音樂營結束，我們一家開車又從紐約到費城，將美國東岸逛了一遍。車程中，我和她媽媽談起了過往在美國留學的生活，也談了美國大學的現況。在後座，她立即抓住了一個我們談話中反覆出現的重點──在美國讀書很貴、很貴，是個學費昂貴到不像樣的社會，過高的學費是美國當前最嚴重的社會問題之一。她很體貼地決定：要讓爸爸承擔那麼重的經濟壓力，她絕對會不選擇到美國唸音樂。

但她找到的這個理由，沒多久後就不管用、不夠用了。魏老師告訴她在德國完全沒有昂貴學費的問題。不同於畸形商品化發展，連教育都成為將本求利的商品的美國，德國相對帶著濃厚的社會主義理想傾向，視受教育為人的基本權利，因而在德國上公立學校，不管哪個學校，也不管你是誰，都不需要繳學費。

與此同時，另外一些力量也在動搖她想繼續留在台灣的心念。以我在旁邊觀察的角度，這些力量的先後順序或許應該是這樣吧：最大的力量是突如其來的「十二年國教」大變動，及其所帶來的不確定性與明顯的矛盾、虛偽。她和同學們很清楚感覺到自己是第一代的實驗白老鼠，而且清楚感覺到自己是必然要受騙、受戲弄的一群人。

「十二年國教」宣稱的一個目的，是「免試升學」，但現實是，從老師、同學到家長，大家每天討論的，都是考試方式將如何改變，又應該如何因應。「十二年國教」宣稱要打破對「明星學校」的崇拜，但現實是，從老師、同學到家長，大家每天焦慮關心的，都是怎樣確保能夠進得了「明星學校」。

從一個角度，我對女兒早早就必須親歷這種大人的虛偽，認知表面與實際的巨大差距，並承受幻滅，感到心疼。但從另一個角度，我也有點慶幸她早早得以離開一個簡單、幼稚、直截的世界觀，具體的理解，並感受原來人所形成的組織與社會如此複雜。

揮別被考試綁架的青春

國二下學期，女兒決定到德國考音樂院。刺激她決定的另一個理由，是她對自己在音樂上的追求與成就，愈來愈沒有把握。在台灣得到了愈多肯定，她愈是好奇，也愈是擔心：自己手上、身上的這些能力，如果離開了台灣，有辦法可以在更廣大、大到幾乎看不到邊的國際音樂大海中，讓她有信心、有把握地存活下來嗎？還是弄了半天，自己真正擁有的，不過就是井底之蛙在井底產生的自我良好感受而已？

到德國去考學校，考足以吸引來自各地頂尖年輕學子的音樂學校，必將硬碰硬解答這個疑惑。她寧可冒著挫折、否定的危險，都要擺脱這種不清楚、不確定的迷疑狀態。

出發去德國之前，她很明白，這一趟旅程，重點在考試、在考試結果，而不在藉由考試進到哪一個學校。她想要知道自己夠不夠格在科隆或柏林，甚至在漢諾威的音樂學校學鋼琴，而不是真正想要去唸這些學校。

她心中還有最深、最緊密的牽掛，是她的朋友們。臨去德國之前，她幾度鄭重地跟我商量，問我：「如果有幸真的考上了德國的學校，有沒有可能延後一年才正式入學，不需要立即在秋天就離開台灣？」

她心中有一個夢想，也有一份不捨。她捨不得周遭一起長大、一起廝混的幾位最要好的同學，因而她夢想要能跟他們至少一起唸完國中，一起參加畢業典禮。她很認真地看待這個夢想。

我理解她的不捨與夢想。因為我自己在她這個年紀，也總是將朋友、死黨擺在最前面。國三分班時，我意外地吊車尾分到「好班」，我心中沒有一絲一毫幸運的喜悅，因為和我最親近的朋友們，大多分入了「五專班」，還有幾個落到「放牛班」去。高一升高二時，明確決定了將來要讀文組，因為所有的死黨沒有一個要轉文組班，我也就理所當然繼續留在理組班，天天跟可怕的數學、化學奮鬥，不以為苦。

說老實話，我不知道有什麼方法保證讓她考上德國學校能延後一年入學，但我真誠地向她保證，我一定會幫助她實現留在台灣參加國中畢業典禮的夢想。我沒說出來的想法是——大不了放棄這次入學機會，再考一次嘛！我知道、我相信以女兒的個性，她也能接受為了自己的夢想而付出如此代價吧！

去了、考了、考上了她自己最希望能去的漢諾威音樂院。她當然很高興，但這份高興不足以讓她改變心意，和同學們一起畢業的念頭依然根深柢固。

然而，就在放暑假前沒幾天，她突然帶了幾分悲壯宣告：「我想秋天就去德國吧！」我當然很驚訝，什麼事情、什麼特別的力量改變了她？是一件原本看來、想來再小不過的事，和她的悲壯決定完全不成比例的事。那一天，在課堂上，老師例行公事地問：「確定不考高中音樂班的舉手！」將一張單子發給舉手的同學。然後，「要考高中音樂班的舉手！」將另一張單子發給這回舉手的同學。其叡拿到了第二張單子，單上列出來的文字，看來好熟悉啊！

老師解釋：「發給大家的，是暑假的輔導課程表，考普通班的一張、考音樂班的一張。」上面除了有課程之外，還列上了排好的考試進度，一路排到國三上學期的第一次校排模擬考。

她覺得熟悉，因為小學五年級升六年級時，就拿過類似的一張單子。那時候叫做「樂理小三科加强課」，從小五暑假一直「加强」到小六快畢業前的音樂班聯合考試。這張單子，讓她回想起才兩年多前的日子，那段準備要考國中音樂班的日子。她回想起：剛開始的時候還覺得挺有趣的，大家一起上「加强課」，一起競爭，每天反覆考試。她也回想起這種日子到後來變得多麼無趣，人活著好像就只為了音樂班升學考試這件事而已。她清楚記得那種「沒有生活」的經驗。

小學時懵懵懂懂，還能迷迷糊糊就夾在同學間，任由學校、老師安排就過了那一年，現在她已經知道那是怎麼回事，就無法想像自己還要、還能再過一次這樣「沒有生活」的生活。

我試著安慰她：「反正妳確定畢業後就要去德國了，根本不需要考高中音樂班，考試壓力不會到妳身上啊！」我要說的，她早想過了，關鍵不在個人的考試壓力，而是集體的考試壓力，兩種情況對她來說都是痛苦的。她不想耗費一年為考試而活，但她也不想在這一年中成為班上的怪異份子，大家都在準備考試，所有死黨好友都得不斷補這、補那，她一個人悠閒輕鬆，能怎麼樣？就算她人在台灣，還是一定會和同學疏遠的，那種疏遠比到德國去，還難以忍受。

這是巨大的反諷，做為「免試升學」的第一屆「十二年國教」理論上的受益者，我的女兒卻因為受不了一整年被關起來準備考試，逃離了台灣。任何其他力量都改變不了她原本要和同學們一起畢業的心願，輕易地被對於考試的痛恨改變了。

痛是因為知道必須堅持

我清楚知道，為了保有口中所說的：「至少，我這一年還可以有生活」的狀態，女兒付出了多大的代價。受當年《新新聞》老同事黃兆徽之請，我答應了讓《天下雜誌》將我和女兒對教育的看法，放進他們拍攝的紀錄片中。二〇一三年九月，其叡從桃園機場離開台灣時的情況，都拍入了他們的鏡頭中。現實中和鏡頭前一樣，她很冷靜、很平靜，沒有什麼明顯的情緒，只有在機場櫃檯前辦check-in手續時，她突然抬頭看了一圈，神情有點茫然，好像要確認自己眼中所看到的台灣，離開台灣時所看到的景象。

她離台前的種種，讓我放心。很多朋友覺得女兒離家遠去德國，我一定會很捨不得，無法接受、更難適應，但我自己明白，不是這樣的。我也告訴女兒我最真切的心情：如果今天她是被迫離家，去一個她不想去的地方，哭哭啼啼的離開，那我當然會很捨不得，我也會拚了命去為她爭取能夠不離開。但只要離開是她的自主選擇，她自己輕鬆以對、甚至充滿期待，那我就一定不會難過，她的期待、她的喜悅夠可以沖刷掉我的不習慣與想念，我會和她一樣期待、一樣喜悅以對。

但這樣的放心，沒有維持太久。去德國三個月後，迎來了第一個聖誕節長假，大約兩個星期的時間。她回來了，可是只在台灣待了不到十天，另外的日子裡受邀和台北愛樂去了大陸，在莞城和深圳四天內演出了三場「兩岸交流新年音樂會」。出發巡演前，在台灣也都忙於和樂團排練，準備了包括莫札特第二十號和貝多芬第三號鋼琴協奏曲在內的兩套曲目。

忙完巡演，她才有機會真正和分別了的同學見面、敘舊。為了爭取時間，一直到要回德國的那天下午，她才去了原來的學校——師大附中。那天離台，搭的是六點四十分起飛的班機，我和她約好了四點鐘在捷運大安站碰面，一起搭捷運回到大直，媽媽將車子從外雙溪家裡開出來，會合了去機場。然而，我在捷運站左等右等，竟然就是等不到人，撥了手機也沒人接。飛機可是不等人的啊！焦急中，恰好看到她的一位同班同學進了捷運站，我連忙叫住她，問她有沒有看到李其叡？她的回答前半句正如我所料，但後半句卻讓我大吃一驚。她說：「李其叡還在班上啊，還在哭呢！」

李其叡在哭？我幾乎不記得上次看到她哭是什麼時候的事了。她個性獨立，自尊心很強，長大些自己認定哭是件有傷自尊的事，於是遇到再大的挫折，再突然的打擊，她都不哭的，還將自己小時候曾經因為比賽成績不如預期而哭，視為不可思議的荒唐笑話。

差不多四點二十分，她終於出現了，真的眼眶泛紅。遲了三個月，她感受到了離開台灣、離開朋友的痛了。往機場的路上，她在後座一語不發，保持沉默一直到要入關前，和上次一樣，她抬頭環視機場大廳，不一樣的，這次眼淚簌簌地淌流下來。

我摟著她，自己也差點失控落淚。她低聲地說：「我不想回德國。」我幾乎要脫口而出說：「那就不要回德國。」費了很大的力氣，我才忍住將她留住、載回台北的衝動，用半開玩笑的口吻勸她：「你還真的淚灑機場啊！堅強一點，我知道你沒有那麼脆弱的。」

讓孩子自己選擇，承擔的力量才會大

真的不是她脆弱，而是她要面對的挑戰太嚴峻，遠超過她原來的想像。

在德國，她進了漢諾威音樂院的特殊先修班，一邊還得上正常的中學。離她正式開始學德語不到一年，離她移居德國不到三個月，她進到了全德語的中學環境裡，必須用德語學習所有的科目，德文、歷史、生物、物理、化學、數學以及倫理和政治，甚至要用德語上英文課和俄文課。還有，她需要用德語和所有的人相處，包括所有的老師和同學。

她當然不可能一去學校就進入狀況。偏偏那所和音樂院合作的中學幾乎沒有別的外國學生，就連亞裔的學生都很少。她痛恨在學校的感覺——覺得自己如此無能，經常弄不清楚別人在說什麼，搞不懂現在是什麼狀況。這種無能使得她必須經常仰賴別人的協助，她不再是一個獨立自主的人，隨時可能陷入手足無措、不知道接著該幹嘛、會發生什麼事的困境中。

還有一項她原來無論如何預料不到的困擾——只能用德語溝通，使得她和同學間必然有著隔閡。她沒辦法交到朋友，沒辦法用在台灣的那種方式，輕鬆、自在、深刻地和朋友來往。她不只是離開了原來的朋友，她發現自己成了一個幾乎沒有朋友的人。只勉強能和音樂院裡幾個台灣來的同學聊天互動，但畢竟人家都是大學生，都比她大上至少四、五歲。

那是再確切不過，而且再全面不過的痛苦，難怪她會在回到台灣母校，重溫友情後忍不住淚灑機場。而且在那當下，她還無從預見需要忍耐多久，自己才能從這樣的痛苦中脫身。

如她所料，她剛離開台灣的那一年，升上國三的同學們，不管是要考音樂班，還是升學入普通班的，都陷入昏天暗地的連環考試狀態中。相較之下，她就是個考試的逃兵，遠距聯絡或久別相見時，同學難免會用開玩笑或認真的態度，羨慕她到德國去「真輕鬆啊！」

她其實很受不了聽到人家說她「真輕鬆啊！」因為那絕非事實。那一年，她過得一點都不輕鬆，她每天都在和自己的德語、德文奮鬥，和一個新的環境奮鬥，和自己的各種强烈情緒奮鬥。

但她卻無法阻止別人說「真輕鬆啊！」也找不到有效的方式，讓這些老朋友們了解她的不輕鬆。因為她無法否認另一邊的事實——她沒有像他們那樣每天、每天反覆考試，每天、每天被迫盯著學科和術科的成績打轉，每天、每天競爭排名。她無法對自己說謊，她內心裡有個幽微的聲音在比較中說著：「即便在異鄉生活的掙扎痛苦如此真切、如此深刻，但至少在自己的選擇上，都還是比留在台灣班上考試、考試、考試，排名、排名、排名要來得好。」

經過將近一年的時間，她更進一步地明白，讓她覺得在德國痛苦奮鬥都還比留在台灣考試好，正因為那痛苦是真切的，是深刻的，是自己的。每天考試的日子也很討人厭，然而那樣的日子裡，連痛苦都不真實，都是表面的、浮泛的、虛偽的，是被集體安排、集體强制的，不是真正自己去面對、去承受的。

當她受訪時笑笑地說：「但至少，我這一年還可以有生活。」看到的人可能會想像她在德國可以沒壓力地玩啊、混啊，所以「有生活」。不，我知道，比任何人更清楚，她所說的「生活」，其實充滿壓力，甚至就是壓力，但她肯定的，那是自己選擇承擔的壓力，那是自己知道、自己同意要承受的壓力，這樣的選擇自覺，才是她心中有、還是沒有「生活」的判斷標準。

青春不該浪費在反覆考試中

別人準備有史以來第一次「國中會考」或每年改變辦法的「高中音樂班升學考試」的那一年，李其叡到了德國，完成了德國中學九年級的學業，外帶完成了漢諾威特殊先修班第一年的學業。她參加了在英國的YPN大賽，得了首獎。她和台北愛樂管弦樂團在大陸廣東巡演四場。然後，她獲得武漢愛樂第二度邀請，在他們樂團的正式樂季節目中和紐倫堡交響樂團的總監合作演出葛利格的鋼琴協奏曲。她又回到台灣，在國家音樂廳和台北愛樂管絃樂團合作演出舒曼鋼琴協奏曲。

她的一年，很忙、很忙。一年結束時，她為自己在德國的同學間贏得了尊重。她還是沒有辦法像跟台灣同學親近交往那樣，和德國同學互動。不過德國同學陸陸續續、直接間接對她表達了類似的感動——「很難想像你竟然那麼勇敢，敢就這樣到一個陌生的社會來，强迫自己在這麼短的時間內學會使用那麼困難的陌生語言，還能維持音樂上的成就。」

她承認自己很勇敢。但她無法對德國同學解釋的是：這不完全是內在於人格的、天生的勇氣。她的勇氣有一部分，甚至一大部分，是被台灣的教育環境給逼出來的。或者說得更精確些，是被她對於台灣考試環境的强烈厭惡逼出來的。還有，她也無法讓德國同學相信她真心的一份感受：她不覺得自己一年間有多驚人的成就，她相信、她知道，她身邊一起長大的台灣同學，好多人都擁有這樣的潛力，如果換做他們進入這樣的挑戰條件下，他們應該也都能完成她所完成的。

只是他們沒有這樣的機會。他們都被困在考試的循環作息中，將十五歲的時間、精力都耗在「準備考試——考試——檢討考試」的循環中。他們沒有機會依照自己選擇的去面對挑戰、克服挑戰。這使得她對台灣的教育，更無法認同。

不過，她也並沒有立即認同、擁抱德國的教育。德國的教育，尤其是中學教育，對她來說，從來不曾是一套漂亮、高蹈的理論、說法，是立即撲面而來，讓她既無從準備，也無從逃躲的現實。去德國之前，透過音樂，透過將近十年對鋼琴、音樂的熟習，也透過如魏老師這些師長的傳遞，她大致知道在德國學音樂是怎麼一回事，有了心理準備該做什麼樣的自我調整，相較於在台灣學音樂的方式，她毋寧期待著換到德國的音樂環境中，可以更舒適、更自在。

但中學完全是另外一回事。沒有那樣的鋪墊、沒有長時間逐步的接近，她就那樣撞進去，撞進一個自己根本沒概念的異次元空間裡。

第2課——成為自己生命的主人

教室本來就該很吵

其叡對於德國中學教育最早、最鮮明的印象是：好吵鬧的教室啊！上課了，老師走進來，說了沒幾句話，發出了第一個問句，那就像打開潘朵拉的盒子般，瞬間教室裡充滿了同學們此起彼落發言的聲音，這個意見接那個意見，那個意見引動這個意見，一開始就停不下來了，一直到下課，老師幾乎都不需要再多說什麼。

剛開始，她無法跟得上同學們快速且交錯的談話，但是從課堂的形式上，她就難免懷疑：「這樣的課堂，老師都不需要教，學生到底能學到什麼？真的在大家七嘴八舌間就能學習課本的內容嗎？」

過了一陣子，她德文聽力增長了，一點一點聽懂了同學們發言的內容，更加深、確證了她原本的懷疑。她忍不住對我抱怨：「他們根本就只是為說而說！很多人說的話沒有什麼內容，有些人根本就胡說八道！」她聽出來他們這裡講錯了，那裡講得不合理，卻講得振振有詞、煞有介事！「那妳可以指出他們的問題、錯誤啊？」唉，這就是她上學的新痛處，現在她的德語能讓她聽得懂大部分的討論，卻不足以讓她能夠參與在討論中，她覺得自己仍然無法有效、準確地表達自己的想法，遑論去質疑、糾正別人了。

她不習慣這樣的教育，她也不喜歡這樣的教育。每天一早出門前，她都要先上網查查，看今天每一堂課的最新上課情報。並不是排在課表上的課就會上，老師隨時可能取消課程，說不來就不來了。看到哪一堂課被取消了，她會有矛盾的心情，一來高興今天可以在學校少待一陣子，就少了和德語奮鬥的艱難時間；但二來卻又不平為什麼老師可以這麼不敬業。

「和台灣的中學相比，德國的中學簡直像兒戲！」這是她上學後最早的感慨。她在台灣，唸的是音樂班，而且是師大附中的音樂班，在台北的中學裡，師大附中校風格外自由，也就是相對不那麼嚴格監管學生行為與課業；而在師大附中，音樂班又像是「化外」，比普通班有更多的特權、更寬廣的自由。音樂班有自己一大棟「樂教館」，他們有奇特的個別課時間，還有各種練琴的藉口，學生經常不在教室裡，三三兩兩混在「樂教館」。她國一那年，還發生過學生家長要求在「樂教館」裝設監視器防堵他們自由空間的爭議。然而，從台灣最鬆散的中學環境裡來到德國，她仍然覺得德國的中學更加倍鬆散、十倍鬆散！

德國的中學，八點十分開始上課，下午兩點十五分放學。中間還常常有因為老師不來而出現的空堂。早上幾乎沒有同學會提前進教室，八點鐘左右，學校門口會看到的是三兩成群聚集抽菸的高年級學生，十、十一、十二年級抽菸的很不少。校內當然規定不能抽菸，其實按規定，學生在校外也不能抽，但學校從來不會對圍站在校門口公然抽菸的學生怎麼樣，不時還會有老師加入學生的行列，一起抽完菸，一起進門。這是什麼樣的學校！這是其叡在台灣的環境中絕對無法想像的學校。

不輕易伸出援手是一種尊重

過了幾個月，其叡開始發現德國教育的好處，仍然不是抽象道理上的好處，而是從自己特殊處境中體會出的好處。

學校、老師沒有因為她的外國人身分，給她任何特殊待遇。她常常想，如果情況對調，一個不太會講國語的德國孩子，去到台灣師大附中上學，會發生什麼事？一定會變成學校裡的大新聞，從好的一面看，那個德國孩子會得到許多協助、照顧，從校長到老師到飲食部賣麵的阿姨，都會特別關心她，特別為了她慢慢說話，隨時問她有什麼不適應的地方。但從壞的一面看，那個德國孩子在學校一定像活在動物園裡，不是去參觀動物園的人，而是被參觀的動物，走到哪裡都遇到好奇探問的眼神，顯性或隱性地對她指指點點。

她慶幸自己在德國沒有受到這種動物園式的對待。所有人平等待她，沒有任何人大驚小怪。儘管從外表就看得出來她和其他人的不同，但每個人都視她的存在為理所當然，理所當然到不會為了她放慢講話速度，理所當然到不會格外對她噓寒問暖。

她慢慢了解了那不是德國人的冷漠，而是他們從教育中、從社會價值上習得、養成的態度，一種尊重人的態度。他們將人的自尊擺在生活的困擾之前。他們被教導不該視別人為無助的弱者，那是傷害別人自尊的不禮貌行為。他們相信人可以、也應該自己決定需要什麼樣的協助，而且他們其實準備好了願意提供協助，只要你以你自己覺得舒服、不尷尬的方式提出。

所以，當其叡向老師坦白表示她缺乏德國政治知識背景，很難參與政治課的討論，去參觀薩克森邦議會時，她也完全無法聽懂議員們在說什麼，學校立即幫她安排了一週一次的免費家教，一個萊布尼茲大學的學生熱心地為她解答課業上任何問題，不限於政治課，甚至熱心協助她處理學校的功課與報告。

九年級要升十年級時，她交到的最要好的朋友，一位俄羅斯裔的女孩，鼓勵她去向學校詢問能否轉班，和這位女孩同班？學校立即提供了另外的可能選擇，十年級會開一個新班，班上的同學都是轉學生，會有複習七、八、九年級的課程，或許對其叡有較大的幫助。

為什麼有這樣的新班？原來新班收的學生，是從技職教育轉過來的，他們在十年級做了新選擇，不留在技職教育系統裡，要嘗試升學、唸大學，準備十二年級畢業前的大考。他們過去沒上過升學系統的課程，所以學校另外成班替他們打底。

從中學開始，透過實習找到內在的呼喚

也是因為其叡這次轉班的考慮，我得以對德國的雙軌教育體系，多了一點了解。我原先知道的，是德國小學只有四年。四年小學畢業後，學生就開始分流，有的去唸升學系統的中學，有的去唸技職系統的中學。升學系統的中學，從五年級一直到十二年級，十二年級畢業前考大考，以大考成績進大學。技職系統的中

學，則只唸到十年級，就進入專業技職學校。

升大學或進技職學校，基本上自由選擇，但小學老師在學生唸完四年級時，會給一份評估，建議家長讓孩子走大學，還是技職學校的路。我曾經想，這樣的教育系統，在台灣一定行不通。在台灣，根深柢固的高下觀念，認定唸大學一定高於唸技職學校，認定大學畢業一定會比技職學校畢業更有前途、地位更高，使得家長無論如何不可能在孩子十歲時，就同意讓他走上技職的道路。這麼早就分流，顯見在德國大學與技職學校是兩種不同性質，而非高低不同的教育，是普遍觀念，無須爭辯，也不用掙扎。

不過，我心中不是沒有保留與疑惑。讓我保留的，是小學只有四年，四年級唸完就分流，這個時間點未免太早了吧？真的那麼早就看得出來孩子適合走這邊，還是那邊？這麼早做出的決定，不管是誰的決定，不會誤導、阻斷、甚至扼殺了部分孩子的能力與性向？

後來我知道了，在德國這兩條路不是彼此隔斷的，更不是孩子小學四年級唸完就決定了他未來走的是哪條路。過程中會一直不斷有機會，讓這裡的到那裡，那裡的來這裡。隨著年紀增長，孩子可以改變心意、可以後悔、可以嘗試另一邊不一樣的教育，從四年級一直到十年級、十二年級。十年級是技職教育中學的最後一年，是這個系統的學生要轉入另一系統的最後機會，所以會有學校裡開設的特別班。

在以升大學為目標的中學，也會以各種方式開發孩子對於技職的認識與興趣。九年級時，其叡的班上經常去參觀各種行業、各式工廠。不是要讓孩子看到工廠的設備有多精良、龐大，而是要讓他們切身感受在工廠工作的方式、意義、標準與成就感。

十年級之後，他們每年都有一段「實習」的時間。那兩個星期中，學生不到學校，不上課，而是自己去找到一個店家、一個工廠，實地上班、上工。這種做法在精神與目的上，都和台灣流行的服務、義工大異其趣。德國教育所關照的，是藉此開發、探測孩子可能具備的特殊技職熱情與能力。要求孩子去選擇自己最好奇、最有興趣的行業，自己去請求店家接納他兩週的實習，然後，他必須詳細登記實習的工作時間與工作內容，實習期間老師會不定期、不預告地前往訪視，和短期雇主交換意見，實習結束後，雇主還會填寫正式的意見報告書。

許多雇主都樂意參與中學的實習計畫。除了做為公民對教育的責任感之外，更重要的是過去長期經驗顯示，雇主有不小機會可能藉實習找到真正適合這個行業的人才。透過實習，有些十六、七歲的孩子找到了自己的calling，轉而投身磨勵自己的技職能力。

不鼓勵、不強調大學縱向排名競爭

德國最好的大學是哪一所？誰可以有把握的回答這個問題嗎？

從這個問題，或許能夠最清楚看出德國教育的特色與重點。美國有哈佛、耶魯、常春藤盟校，英國有牛津、劍橋，還有像伊頓那樣的精英中學，日本也有公立的東大和私立的慶應。那麼德國有什麼？台灣特別喜歡炒的全世界大學排名新聞，曾經有哪些德國大學牽涉其中嗎？

德國沒有這種公認最好的大學。並不是因為德國沒有好大學，而是德國在政策上不鼓勵、不强調大學的縱向排名競爭，德國社會的整體發展主軸，和我們在台灣所習慣的如此不同，不是垂直上下，而是水平分散。德國的城市，除了少數如法蘭克福、漢堡之外，基本上沒有什麼高樓。做為下薩克斯邦首府的漢諾威，整座城市竟然只有一棟超過二十層樓的現代大樓，不可思議吧？

事實上，以其他國家的標準衡量，德國也沒有什麼真正的「大城市」。別說沒有東京、上海那種規模的城市，就連和台北市人口一樣多的城市，都沒有幾個。為什麼會這樣？因為從社會價值上、從政策安排上，德國都一向反對集中、努力防止集中。

所以，德國能夠避免所有現代都會都遇到的房地產飆漲的問題；德國能夠嚴格推行以高税率遏阻炒作房價的政策，還能明確地以法律禁止、懲罰刻意哄抬地價、房價，轉手銷售的行為。這些做法的關鍵基礎在於先阻卻都市集中發展，如此就不會有都市土地資源求過於供的情況。

同樣的原理也運用在教育資源的利用上。集中凸顯部分「名校」，必然意味著「名校」學位求過於供，也就必然炒高了「名校」及其學位的價值，逼著許多人願意付愈來愈高的代價，拚命擠進「名校」。從德國的教育理念來看，擠「名校」和搶都會地段一樣，都造成雙重浪費——將過多的資源耗費在爭取「名校」和都市商業土地，另一方面，使得其他非名校學位、非精華地段土地無法獲得充分利用與發展。

平等、分散的好處，遠遠超過不均、集中。要能享受這種好處，唯一的方法，就是從根本上改變縱向排名的習慣。各個地方的土地，有不同區域，有不同特色，供不同的人依照不同的標準去選擇，而不是線性地排出哪個區域比哪個區域「有價值」。不同的學校，從技職到大學，也都有其不同的特色，提供不同性質的教育內容，真正的difference in kind，有的是蘋果、有的是橘子，不是difference in degree，絕對無法用單一的、同樣的標準來衡量、來排序。

德國沒有人會問柏林大學（Universität zu Berlin）和海德堡大學哪一所比較好，或漢諾威大學和萊布尼茲大學（Gottfried Wilhelm Leibniz Universität

Hannover）哪一所比較好。並不是說他們不比較，而是他們清楚：無法用這麼寬泛、攏統的方式來比較，更不可能有固定的比較答案。比較是多元、個人層次的事，每個人對於教育有其不同的需求、想像，還加上每個人不同的現實考量，你的比較答案和他的比較答案，怎麼可能是一樣的呢？又何從取得一份簡單的排名表？

學習沒有上下課之分，意見沒有高下之別

隨著對學校的熟悉與理解，其叡逐漸體會了德國教育的道理，也就愈來愈欣賞、愈來愈肯定了原先引她高度懷疑的德國教育。

她了解了，德國教育的本意上，就沒有要讓學校和老師扮演那麼重要的角色。一個學生主要的學習時間，不像台灣認定的，是在學校時；學生主要學習的

內容，也不像台灣認定的，是學校、老師、課本給予的內容。學校所提供的，毋寧是一個學生自我學習過程中的不時協助與檢驗，絕非取代。沒有自我摸索、自我學習習慣與能力的人，無法光靠上學、上課得到所需的知識與能力。

學生不是每天必定上課，任何一天班上有四分之一的同學因為各種理由缺席，是正常狀況。所以老師也不覺得每堂課都必須在、都必須上，學校更不會覺得非得用什麼方法將學生長時間留在學校。

她原本很受不了班上同學上課時充滿了意見，而且表達的往往都是很平庸、很不怎麼樣的意見。後來她了解了，有一部分的問題出在她自己，或說出在她從台灣帶去的觀念。在台灣，有意見、發表意見被視為特殊表現，不是正常情況，因而也就必然認定：特別的、優秀的意見才值得表達。

德國人沒有這種觀念。對他們來說，有意見，直接、誠實表達意見，才是正常的。每個人都應該有自己的看法，也都有權利表達自己的看法。同樣理所當然的，是每個人對別人的看法，也都可以有看法，可以不同意、可以討論、可以爭議。德國人的課堂，本來就不是拿來聽老師單面、權威教導的，本來就預期是由同學們來發表意見，進行意見交流激盪。形成這些意見所需的學習過程，是在一般日常生活中自己安排、自己進行的。

她原本納悶：德國的中學上學時間比台灣中學少得多，安排的科目卻比台灣中學還要多，老師哪有時間教？學生又哪有時間學？現在她了解了，答案是老師不是用台灣的方式教，學生也不是用台灣的方式在學。

她原本不滿：德國的中學不是不考試，而且還考得很多，每一個科目都要考，也都打分數，從1打到6，1分最高，若是5分以下就等於不及格。沒有比台灣少考，更沒有比台灣壓力小啊！現在她了解了，雖然都是考試，雖然都打分數，德國的考試、德國的分數，就是和台灣的不一樣。

而這些，都是彼此連環相扣的，構成了一套很不一樣的教育理念與教育實踐，她在日復一日辛苦適應中學生活裡，慢慢才一步一步弄懂了、連結上了。

擁有個人自由，但也遵守團體紀律

好一段時間，其叡用在台灣準備考試的方式準備德國的考試，卻一次又一次發現考試的題目出乎她的意料之外。累積一次又一次錯誤期待給予的教訓，有一天她想懂了一件事：德國的考試，不管考的是什麼科目，基本上都不考你輕易可以查得到的東西，基本上完全不考驗你的背誦能力，耗時間、花力氣去背誦的，考卷發下來，幾乎必然證明是白費的。

德國學生不背化學元素表；德國學生不背英文生字的德文解釋；德國學生不背歷史事件發生在哪一年；德國學生也不背數學公式。他們甚至不怎麼認真學習基本運算，上課和考試時，他們可以隨時帶著計算機，不，他們被要求上課和考試時必須一直帶著計算機，任何計算機能做的，就都交給計算機去做。

到了德國，她深切感受到，在台灣當老師，真是辛苦，有時也油然生出愧疚之情，想到自己曾經給老師添過那麼多麻煩。台灣老師的工作時間、工作負擔，比德國老師多了至少一倍吧？她知道、我們都知道，台灣老師為什麼會那麼忙、那麼累，所以該問的是：德國的中學老師為何如此輕鬆？

第一，因為至少到了其叡去唸的九年級、十年級，從學校到家長到學生，沒有人認為學生的生活習慣、紀律，是老師的事。那是學生自己應該要負責的，不能推給老師來管。如果牽涉到社會集體，那麼也不會是老師要管，而是整個社會都要管。

在德國，人一方面活得很自我、很個人，但弔詭地，正因為肯定、尊重每一個人的自我決定，另一方面也就產生了對於個人責任的嚴厲評斷。在不妨礙別人的情況下，一個人愛怎麼樣就怎麼樣，奇裝異服或瘋瘋癲癲，不會有人來干預，甚至有時近乎冷漠地，也沒有人會來關心。但若是牽涉到別人，牽涉到社會集體，那麼一點點脫序行為都會引來普遍的指責、制止。

最明顯的，就是開車的行為。德國人使用喇叭的方式，和台灣人很不一樣。在德國，很少聽到催促或警示性的喇叭，絕大部分的喇叭聲要表達的，都是指責。開車按喇叭是少有、嚴重的事，那是對某種不當行為表現的義憤。

一般正常狀況中，德國駕駛極有耐心。而一般正常狀況中，德國駕駛在路上很專心，不太容易看到沒注意到綠燈亮起要起步的車，不容易看到換車道忘了看照後鏡的車，更不容易看到轉彎沒看行人或腳踏車的車。所以德國駕駛不會、不需要用喇叭聲來提醒、催促或警告。然而，一旦遇到有人不按照應有的規矩開車，即使跟他無關、沒有妨礙到他的行車，德國駕駛都會立即憤怒地按下喇叭。

也可以說，就是因為每個駕駛開車中都同時在監督其他人如何開車，每個駕駛開車時也都意識到被其他所有駕駛所監督，他們就不太可能脫序開車，養成了平素專注、守規開車的習慣。

中學生的行為也一樣吧！兩股力量約束著他們的行為，一股是自我責任感，來自於別人長期給予的空間與尊重，讓他們早早就明白，自己做的事由自己決定，也就要由自己承擔。另一股是社會的集體「彼此自由」的強烈價值觀，如果你的行為可能妨礙、破壞別人的自由，那麼一下子每個人都回過頭來成了你的監督者。

這兩股力量中，不包括老師。有這兩股力量的作用，老師就不需要負責學生的行為，學生成長的過程中，也就不需要花那麼多的時間與能量在反抗老師上。

德國老師輕鬆的第二個原因，是因為他們不需要教那麼多。他們教的，是知識的道理，是取得知識、思考知識的方法，而不是知識本體。知識的本體，是學生自己應該去追求、去累積的，不能靠老師來傳授、來灌輸。

重思考、不重答案，才能累積成一輩子的能力

在德國上數學課，其叡發現同學們大部分都不會最基本的直式運算。對，就是我們每個小孩到小學四年級之前就學會、就具備的基本能力，把數字直著寫下來，在紙上進行運算。德國中學生腦袋裡連這種最根本簡單算術的方法都沒有，更不要提什麼快速解題的公式了。對於其叡可以比他們迅速獲得四則運算的答案，他們也都覺得很神奇、很了不起。

對於數學解題，他們學得很少、很差；但相對地，在數學原理上，他們學得很清楚、很透澈。他們都具備一眼就看出來數學推理次第的能力，在這方面他們比其叡强得多了。其叡很快就知道：如果考解題，像在台灣那樣考，德國班上大概沒有什麼人考得贏她。但德國的數學課不考解題，至少不以考解題為主。和其他所有課程一樣，數學課的考試，也都以問答為主。考試要寫的，不是你求得的答案，而是你對這個數學問題的「意見」，你怎麼看、如何分析，決定用什麼方式處理。如果過程中遇到了要運算——請用手上的計算機。

其叡在德國數學課第一次接觸到三角函數，也就是說她用德國的方式學了三角函數。放假回到台灣，她在台灣的老同學們也在學三角函數。她看了同學的學法，不禁倒抽了一口冷氣，她知道、她相信台灣的三角函數題目不是她應付得來的；同時她又知道、又相信，台灣的同學們用這種方式根本無法真正弄懂三角函數的來源與基本道理。

小時候，她常常問我的一個問題，現在她自己有了答案，很不一樣的答案。那時候，每當做數學作業、化學作業做得很煩時，她會問：「我們幹嘛要學這些東西？我們將來會用到嗎？你現在有用到國中學的代數、幾何或化學元素表嗎？」我那時給的答案，是叫她不要用那麼功利的角度看待知識，尤其是基礎知識。用得到用不到，不是那麼簡單、直接的。那麼小的年紀時，誰也說不準用得到或用不到。更重要的，是缺乏了這樣的基礎，沒有打下這樣的基礎，許多或許「有用」的知識就永遠建立不起來了。

德國經驗給她的答案是：如果用德國的方式學，她就不會生出有沒有用的懷疑。因為那不是一套特定針對這些題目的解答能力。小孩想破頭都想不出來以後什麼時候會用到二元二次方程式。但小孩，至少是像她這樣數學、化學中等資質的小孩，可以了解數學、化學內部的道理，可以知道這些道理管轄了那麼多現實的事物。還有，這樣學到的數學、化學，學到了就學到了，就留在腦中，不會從這次考試到下次考試的時間中就忘掉了。

讓學生自己讀懂兩百年前的劇本

另外，讓她充滿感慨的，竟然是德文課。有一陣子，她反覆跟我說了好多次：「如果當時在台灣是用這種方式學國文，我的國文一定不會那麼爛！」

她唸九年級時，有一個晚上，台北的深夜，我正和幾位老友喝酒聚會瞎聊，她從德國打 Line 來，劈頭就問：「你知道 Friedrich Schiller（席勒）嗎？」我疑惑地反應：「德國詩人？」她在那頭說：「是劇作家，十八世紀的德國劇作家，我們要讀他的劇本！」劇作家？太好了，剛好聚會在座的，就有戲劇專家紀蔚然，我把老紀叫到一邊，請他幫我跟其叡解釋一下席勒的背景。老紀嚇了一跳，支吾地說：「欸，這我不熟啊……。」

不怪老紀，我們誰可能會熟悉十八世紀的德文劇作家，而且還是他用德文寫的英國歷史劇，關於伊莉莎白一世和她姊姊瑪麗皇后的恩怨？

但其叡的德文老師就是選了席勒在十八世紀之交出版的劇作《瑪麗．斯圖亞

特》（Maria Stuart）給九年級的中學生當作課堂作業，讓他們在兩個星期內讀完。兩個星期！這真要叫其叡抓狂了，完整的一本劇本，從頭到尾演完要兩個多小時，全德文，而且還不是現代德文，是兩百多年前的老德文。所以她才會稀奇地向爸爸求救。如果爸爸也沒讀過這劇本（我根本沒聽說過），那能不能找找中文譯本，幫她帶過去？

求救通話後兩天，我啓程去德國，行李箱裡當然沒有席勒作品的中譯本。那麼冷門的著作，不可能有中文譯本的。那怎麼辦？我想了一個辦法，叫其叡自己先大致瀏覽德文劇本，我從網路上找到了這個劇本的全文英譯，去到德國後，好幾個晚上，我們父女兩人坐在餐桌前，我盯著電腦螢幕，她看著她的德文書，我將我看到的英文逐段、逐段說明大意給她聽，她對照查書上的德文。

我很高興自己幫得上忙，我更高興竟然誤打誤撞多讀了一部德文經典歷史劇。其叡也很高興爸爸果然還頗有用的，她更高興發現老師選了這部作品，並不是如她原本想像的災難。課堂上，她發現德國同學們對於英國歷史，尤其是斯圖亞特（Stuart）王朝的歷史，沒有她來得熟。

兩年前，她去過倫敦西敏寺，在那陰森的氣氛中親睹瑪麗皇后的棺木，聽過我和她媽媽告訴她從亨利八世到伊莉莎白一世的種種宮廷故事。學音樂的緣故，她對於天主教和基督教，新舊教的區別，有一定的接觸與好奇，因而也知道英國國教古怪特殊的性質，而英國國教就是亨利八世所創立的。

這些，正就是席勒劇本的歷史背景。上課討論時，她發現自己可以自信地發言提供這些知識，而原本就對她的英文程度留有印象的德國同學，也順理成章能接受她對英國歷史的種種意見。

不過她心中始終還是有個疙瘩——兩週之後，就是德文課考試，考試的範圍，就是席勒的劇本、全本，德文題目，以德文作答。她熟的是歷史背景，劇本本身她不可能讀完，只能靠我轉譯，解說大意。考到任何細節，她就一定答不上來。

考試來了，考試又過了，她回到家，一派神情輕鬆。老師出的題目是：選擇劇中的一個角色，想像一段劇中沒有表現的情節，為這個角色寫一段席勒沒有寫的台詞。即便一直覺得自己的德文仍然相當有限，她都能想出、寫出洋洋灑灑一大篇台詞來，過癮地覺得自己好像就是劇作家，參與了戲劇創作的過程。

不是孩子沒興趣，是教什麼、怎麼教的問題

在台灣的時候，其叡的國文是她的痛處，還經常連累到我。老師、同學都會擺出奇異的神情，或明說或暗示：「你爸爸不是楊照嗎？為什麼你不會寫作文，你的國文成績很不好？」從小到大，我只能反覆跟她申說幾件基本的事：第一、每個人都是「個人」，都有自己不同的興趣、能力和個性，父母是怎樣的人，不代表子女也會是那樣的人。第二、以台灣中學學國文的方式，我去考試，也不可能得高分；以台灣中學打作文分數的方式，我寫的作文，也不可能得高分。

她理智上了解我說的道理，也有事實可以支持我的道理——我曾經幫她寫過作文作業，送進去給老師批改，得了二級分，比她自己通常會得到的三級分還低，那成了我們父女間常常用來打趣的笑話。然而，每當遇到國文考試，她都還是考得滿肚子火，拿到成績時，也都仍然對於我竟然會對文字、文學懷抱那麼大的熱忱，感到不可思議。

她無論如何沒有想到，竟然是在德國，以她才學了一年多的德文，讓她認識了文字、文學迷人之處。德文課堂上，她經常懷想著台灣、想著師大附中。她想的是：如果這種情景，大家在一起七嘴八舌討論文學，是發生在師大附中，那該有多好！如果討論的文本是中文寫的，討論的語言是國語，那她就會有很多話想說、可說，不會像以前在台灣上學時覺得課堂如此無聊，也不會像現在在德國受限於語言表達而不能暢所欲言。

讀完了席勒的劇本，德文課的下一本閱讀作業又來了。我陪她到街上書店去買書，書拿過來，我叫了一聲：「這本書我有啊！」那是雷馬克（Erich Paul Remark）的《西線無戰事》。多巧，二〇一四年是第一次世界大戰爆發一百週年紀念年，我在「誠品講堂．現代經典細讀」課堂，特別規劃了一整年的專題，選讀六本和第一次世界大戰有關的「現代經典」，其中一本就是《西線無戰事》。為了備課，我還買了新版的德文原著，拿來和英譯本、中譯本對讀。

可以想見，對於《西線無戰事》，我有很多話可說。在德國當面說，回台北了透過 Line 網路通話說，我跟她說了很多。下一次，我再去德國，他們德文課正好

進入關於這本書的討論。這一回，她就不只神情輕鬆了，有時甚至臉上興奮有光。不完全是因為書，毋寧更是因為電影。老師找了《西線無戰事》的黑白老片給班上同學看，看完了之後進行討論，討論的話題很自然落在文字和影像的對比上，又很自然地逐漸地朝影像傾斜。

變成了電影討論課。討論鏡頭的運用方式和觀眾感受之間的關係。這可就是其叡近來最有興趣的領域了。這一陣子，她一步步發現電影影像的奧祕，從看演員、看劇情，進化到看演技，琢磨表演風格，再進化到知覺鏡頭的變化，以及導演和剪接的作用。她知道我平常在飛機上很難入睡，通常飛一趟德國就在機上看四部電影，從德國飛回台灣再看四部電影，因而我每飛一次，她都會問我看了哪些電影，看到了什麼、如何看。

講電影，她累積了許多看法，一股腦地倒在德文課上，也就惹得德國同學們更積極、更熱烈討論電影。上完課回家，她又忍不住跟我說：「如果在台灣這樣上國文課就好了！」這回多加了一句：「為什麼在台灣一定要用那種方式上國文課呢？為什麼大家都要讀同樣的課本、課文，還要背解釋，解釋背錯了一個字就要扣分，為什麼？」

受教育並不等於擁有知識

嗯，為什麼？其叡提出的這個問題，對我來說，很好回答，卻也很難回答。好回答，因為不必等她問，這個問題，或說這樣的問題：台灣為什麼不能有不同的教育？早就在我心中轉了很久、很久。多久呢？認真追索，早到她生出來之前。當然很難有個明確的起點，但至少可以找到一些清楚的標誌。

我生平寫的第一篇正式評論文章，是大學二年級時寫的，就是針對當時《中國時報．人間副刊》製作的教育專題，有所激憤、不同意而發的。那篇文章花了好幾天才寫成，「人間」的教育專題早結束了，自己想想都覺得人家應該沒有理由刊登這樣一篇回應，就把文章收進抽屜裡，沒有寄出去。

我生平發表的第一篇評論文章，是二十三歲當兵服役時，參加《中國論壇》的一項徵文，得到了佳作。現在完全忘了徵文的題目或宗旨是什麼了，但仍然明確記得自己寫的內容中，主要就是在談教育，引用了波普爾（Karl Popper）和羅伯特．金．墨頓（Robert King Merton）的觀念，期待台灣可以從教育領域開始進行改造。

我生平出版的第一本評論文集——《流離觀點》，書中所收的第一篇文章中，就有這樣的一段話：「……在狹隘的課程安排下成長，台灣的學生有的是知識的傲慢，而不是真正的知識。考試制度所帶來的重視知識的傾向，很不幸而且很弔詭地，造成了在處理台灣社會事務上的反智效果。受教育並不等於擁有知識，尤其是對台灣社會的理解上。」

屈指一數，這篇文章寫成於一九九〇年「三月學運」間，距今已經超過二十五年了。二十五年來，我算不清自己到底寫過多少和教育有關的文字了。十年前，我寫過一本全面關照台灣前途問題的書，書名叫《十年後的台灣》，裡面也一定要有專章討論教育。

我想我有足夠的準備來回答女兒的問題。很好回答，但或許我準備得太久，準備得太充分了吧，以至於我知道，我能給的答案再複雜不過。不是任何單一的論理可以解釋這件事，甚至不能從任何單一的領域來回答這個問題。答案千絲萬縷，環環相扣，前面的答案往往立即又變成了需要被進一步回答的問題。

所以很難回答，再難不過！

願意看見、承認「不正常」，才有改變的可能

然而，我還是想試著再回答一次。台灣教育到底怎麼了？

生命中的偶然與必然，讓我得以擁有不太常見的教育經驗，我一直很珍惜如此經驗及其所帶來的不同視角。我當然不會是最懂教育的人，我更不會是最有本事的教育家，但我有機會可以將台灣教育看得稍微透澈一點。

我自己當學生時，並不是一個一般概念下的「好學生」。國中時，我曾經差點被分到「壞班」去，我體驗過被當作壞學生的滋味，體驗過被「放牛」的感受。高中時，我又在學校混掉了前兩年，課業放一邊，當個「異類」，花在「課外」閱讀和「課外」活動的時間，遠遠超過「課內」。我在一個絕大部分學生理所當然選擇理工科的「名校」，做了極少數的文組學生。我的中學歷程，沒有什麼是「正常」的，每一步我都必須自己思考、自己選擇。

大學畢業之後，我有機會離開台灣，到美國留學，而且一去就去了六年。我有機會深刻感受和台灣徹底不同的美國教育理念與教育方式，不管我要不要，我活在兩種體制中，必定有所比較，比較下必定有所感慨與感悟。

留學六年後回到台灣，我又誤打誤撞接觸了政治，有機會兩度參與中央政府層級的教育政策制定過程。一次寫的是在野黨總統候選人所提出的完整教育改革主張，另一次是當時的執政黨新科教育部長要對立法院提出的全面新政策規劃。

很感謝兩位政治與學術上的前輩，給我遠超過我當時年紀應得的信任，讓我不只主稿，還實質進行政策設計。尤其是後一次，我取得了大量的教育部政策與執行檔案，認真整理了從解嚴到「教改」的長期變化。

然後，我又做了父親，有了在台灣介入教育、觀察教育的另一個全新角度。我的女兒從小學音樂，她的教育養成又沒有那麼典型，反而讓我能看到更深層的原則問題，不只是表面的教育現場狀況而已。

女兒唸完國二，去了德國。透過她我看到的教育現場，又多了一個比較對象。離開台灣本位，離開「正常」本位，我痛苦地發現了台灣教育許多硬是被當作「正常」的「不正常」。要使得台灣教育可以變得不一樣，我無奈地相信，只能從這個社會願意看見「不正常」，承認「不正常」開始。

容我在這樣一本小書中，從不同角度、選擇不同切入點，一一指出我覺得「不正常」，不該被輕易「正常」待之的現象。

第二部

台灣教育現場：被忽略的7堂生命必修課

二〇〇五年，我寫了、出版了一本叫做《十年後的台灣》的書。那是一本「憂慮之書」。當時我看到，因而引發我強烈「憂慮」感受的，是台灣缺乏一種面向未來的時間感，不習慣、不願意認真思考、討論未來。尤其是在公共領域上，我們將絕大部分精力與時間，耗在當下現實上，三、五年匆匆過去，這個社會可以完全不討論、不好奇接下來的三、五年該做什麼，甚至不討論、不好奇究竟該如何衡量三、五年的時間長短，三、五年內做出什麼樣的事是合理，做到什麼樣的效果是合理的？

好快，十年一晃眼過去了，有些讀過、還記得《十年後的台灣》的讀者，透過不同管道問我：「當年設定的二〇一五年來了，你怎麼看台灣？怎麼看自己當時以『十年』為期，給台灣設定的種種發展議題？」

這問題，很難回答。因為十年時間改變了台灣，十年時間也必然改變了我。我不可能回到十年前的心境，來檢視今天的台灣。有些十年前我視之理所當然的關懷與用心，老了十歲，多了十年的反覆拖磨之後，不可能再那麼理所當然了。

從二〇〇五年到二〇一五年，我自己生活的軌跡，是和政治拉開了愈來愈大的距離，同時也和新聞拉開了愈來愈大的距離，二〇〇五年，《新新聞》改組，我交出了第一線的總編輯職務，先是轉任副社長，後來又一度擔任總主筆掌管專欄、言論，不過那一段時間中，我仍然維持固定撰寫報紙社論，和幾個新聞評論專欄文章，也主持新聞台的廣播節目，不時還到電視上參與談話討論。

然而，接下來台灣新聞行業的變化，使我連這樣的關係都很不願再繼續保持了，先是電視談話節目進一步惡質化，幾乎完全喪失了理性討論的空間，「電視名嘴」變成了一個被高度汙名化的稱呼，我不得不和這樣的環境徹底劃清界線。再來，在我成長過程中，曾經給我最大影響的報紙《中國時報》，短短幾年內快速變質，變成我不只無法認同，甚至無法辨認的一個媒體，二〇一三年九月，帶著一點無奈的痛楚，我停掉了家中的訂報，同時終止了超過四十年閱讀《中國時報》的習慣，實質上，也就終止了固定看任何一份報紙的習慣。

這幾年，我只在去小吃店用餐時躲不掉地看看電視新聞。不過就是二十分鐘、半小時時間，卻就一定會有讓我感到坐立難安的內容，要嘛是錯字、要嘛是記者錯誤用詞表達，更糟、更常見的，是一堆根本不值得報導的訊息，假冒新聞被堂而皇之地張揚。這幾年，我也只偶爾在進了電台等節目開始時，翻翻架上的報紙，還常常都先看體育版，有多的時間才回頭看要聞版。和許多人一樣，關於台灣的新聞，這幾年，我多半靠臉書上朋友轉發的，少數來自主動瀏覽媒體網站，認真算算，我現在花在吸收台灣新聞上的時間，應該只有二〇〇五年時的五分之一、甚至十分之一吧！

奇怪的是，應該說可怕的是，我如此疏離台灣新聞，卻到現在沒有感覺自己脫節！遇到還在這行的老朋友，聊起來，好像沒有什麼新聞我沒跟上，表現得茫然無知的。電台節目中每天最後一段新聞評論，我也沒有覺得找不到題材、找不到觀點的困窘。很明顯的，台灣的政治、台灣的新聞，進入了一個「鬼打牆」的悲哀狀況，一直不斷地在極小、極小的範圍裡不斷繞啊繞，表面上看起來一直在動，動得很厲害，但其實哪裡也沒去、哪裡也去不了。

我曾經去圖書館找出二十年前的報紙，找出我自己編的那五年的《新新聞》，盡可能排除懷舊主觀情緒，客觀地評估，但我必須誠實地說，不管怎麼看，都還是覺得以前的新聞，要比現在多元、豐富、有意思多了。

米蘭·昆德拉（Milan Kundera）的一本小說書名，不斷出現在我腦中——《生活在他方》（Life Is Elsewhere），熱鬧的、有意義、重要的事，不在這裡，不只不在政治上，也不在我們一般看到的新聞裡，今天，台灣人要活得真實、有意義，得到政治與新聞之外，去找尋那個「他方」。

第1課——享受知識：回歸教育的原點

好奇就會探尋，喜歡就能堅持

我的「他方」，是知識與教育。我強烈地感受到：在所有變或不變的現象底下，如果真要追究台灣十年來的問題，並探索未來解決問題的路徑，我不能再用十年前的「全面」態度了。民主的問題、社會的問題、經濟的問題、國家與政府體制的問題，盤根錯節，卻有著一個共同的基底，那就是教育，尤其是教育所創造出來的思想、觀念習慣。所有的一切，都是這些思想、觀念的反映、落實。

這十年間，我從新聞工作那裡找回來的時間，大部分都投注在知識的傳播上。在「誠品講堂」，講了超過十年「現代經典細讀」課程；又在「敏隆講堂」，先講了五年「重新認識中國歷史」，接著講「中國傳統經典選讀」，到現在也進入第四年了。

這些講堂經驗中，最值得一提的，是最基本的事實——這樣的課程，關於經典、關於歷史、關於人文與思想，竟然可以持續講那麼久。關鍵不在我能講那麼久，而在一期又一期，一年又一年，不斷有學員帶了好奇與熱情，進到課堂來。沒有他們，我再怎麼有心、再怎麼努力，課都不可能開下去。

是什麼樣的因素讓他們來到課堂上課的呢？容我用更早之前的一段戲劇性經驗試著解釋。開「現代經典細讀」之前，我曾經在「誠品講堂」開過另外一門課，叫做「西方現代思想名著選讀」，一年間三十六堂課，每一堂講一本二十世紀西方經典名著。

我在課程裡排進了海德格的《存有與時間》，不能不排，因為西方哲學在海德格之後轉了一個大彎，海德格的重大貢獻絕對不容忽視。不過，要怎樣跟這些大部分沒有哲學訓練基礎，下班或放學後憑藉著興趣來上課的人，談論海德格？要怎樣跟他們解釋最簡單、最基礎的前提——海德格分辨「具時間感的時間」與「缺乏時間感的時間」？要怎樣說明海德格推出「存有即時間」的論證過程呢？

我知道我給自己找了大麻煩，花了許多工夫備課，不過走進課堂的那一瞬間，我很清楚應該要預期會碰上的必然狀況——課堂上很多人會聽不懂我在講什麼，所以他們會陸陸續續打盹睡著。

依照平常的習慣，講了整整兩小時的課，中間沒有休息、沒有下課，我預期的狀況發生了，但只發生了一半。從學員臉上的表情，我清楚知道他們沒有聽懂我在講什麼，所有關於時間的客觀與主觀，物理性與空間性，他們茫茫然無法理解。然而，我以為會出現的後半段現象，卻奇特地沒有出現。他們茫然不懂，但一個個繼續睜大眼睛，幾乎沒有人睡著。一百多雙飢渴、好奇的眼睛一直盯著我看。

這是讓我無法忘懷的寶貴經驗。當一個老師，那堂課我完全失敗了，未能盡到責任將學員們帶進海德格豐富美好的哲學思考世界裡，可是在我的失敗中，課堂上的學員們教了我一項再寶貴不過的智慧。在陌生艱難的知識裡，他們沒有如我擔心地紛紛睡著，因為他們帶著真正的好奇與興趣來上課，好奇與興趣有足夠的力量讓他們睜著眼睛，把不懂的話語照樣熱切地吸收進身體裡。沒有任何人逼他們來上課，甚至沒有明確的功利動機刺激他們來上課，單純出於好奇與興趣，所以他們不會睡著。

一位在社會上備受歡迎愛戴的老師，教會多少人接近欣賞古典音樂，可是他在大學裡開的音樂史課程，學生卻常常在課堂上睡得東倒西歪。他教學生比較不認真嗎？當然不是。那為什麼這樣？「因為在台灣學音樂的學生，通常都不喜歡音樂。」他給我的答案。

乍聽下覺得多麼荒謬驚人，學音樂的學生不喜歡音樂？但稍微細想，又覺得這說法非但不荒謬、不驚人，而且還精確點出了整個台灣教育最普遍的問題。沒幾個學生對自己所學的東西有興趣，更少好奇。他們都不是為了享受知識與技能而去學習的，相反地，學習對他們而言就是勉強的，所以他們動不動就睡著。

他們缺乏的，不是知識，而是更根本的知識與學習準備。從來沒有人教會他們如何享受知識的樂趣。沒有人教會他們面對未知時的興奮好奇心情。從小他們學的任何東西都不是為了自己，而是拿來換分數、換讚美、換前途、換賺錢職業的工具。這樣的小孩，當然只會一堂睡過一堂，睡得渾渾噩噩，睡得無聊痛苦。

我們需要的，其實不是生活教育、藝術教育、文化教育，而是享受生活的教育、享受藝術的教育、享受文化的教育，拿掉享受，教育的效果就大大走樣了啊！

故事是最好的老師

寫《黑暗元素》的菲力普．普曼（Philip Pullman）：當他兒子五歲的時候，每次到餐廳吃飯，為了讓小孩能夠耐心捱過從點好菜到上菜的時間，他就講故事給兒子聽。講的是荷馬史詩《奧迪賽》，每次講一小段。

講了很多次，故事接近尾聲，主角奧迪修斯終於回到久別二十年的希臘。他的家裡擠滿了要追求他太太潘妮洛普的無賴們，白吃白喝混著。奧迪修斯化裝成一個乞丐出現在自家門口。這時候，潘妮洛普在無賴們的再三逼迫下，不得不給了明確的答覆——誰能將奧迪修斯留下的弓拉開，她就改嫁給那個人。

喝得醉醺醺的無賴們喧鬧著，一個個試著去拉弓，卻沒有任何一個人擁有奧迪修斯的神力，可以將弓拉開。這時候，門口穿著破破爛爛的乞丐要求讓他試試。所有的人都呵叱、嘲笑他：「這些希臘武士都拉不開的弓，你也想要試？」

不顧這些呵叱、嘲笑，奧迪修斯化妝成的乞丐將弓拿起來了。

奧迪修斯輕易地將弓拉開來，引來舉座驚訝。然後他取過箭來，準備用强弓射箭，將一屋子的無賴都殺了。不過，在奧迪修斯將箭搭上弓弦之前，他又拉了一次弓，為了聽聽弓弦震動的聲音。

講到這裡，普曼的兒子因為聽得太認真、太入迷了，完全沒有注意到自己將水杯靠在嘴邊，一緊張、一用力，竟然就從水杯口咬下了一塊玻璃！餐廳的女服務生正端著菜走過來要替他們上菜，目睹了小孩咬破水杯，嚇了一大跳，以至於將端著的菜全灑到了地上！

真是災難。這樣的災難，正說明了故事的力量。是故事，對故事的好奇與關心，讓一個五歲的小孩，不自覺地產生了平常絕對不會有的力量，輕易地從杯子上咬下了一塊玻璃來，釀造了這場災難。換個方式說：精采的故事，讓五歲的小孩，產生了平常不會有的專注。

為什麼小孩、學童無法專心？很大一部分的原因來自於我們無法提供他們夠好、夠迷人的故事吧？大人們不懂得如何欣賞好的故事，不懂得如何說動人的故事，給小孩的教學內容，要嘛沒有故事，要嘛只有簡單粗糙的故事，自然就無法創造專注的效果了。好故事，就像奧迪修斯第二次拉弓，聽聽弦響，使得聽故事的人心也被撥動、蕩漾了。

值得聽聽菲力普．普曼的提醒：「我們需要故事，如果好書裡找不到故事，我們甚至願意為了得到故事去讀爛書。我們都需要故事，只是小孩對於這樣的需要表現得更坦白些。」

別教出徒具知識的「笨蛋」

我所相信的教育目的——教會小孩「別當混蛋」、「別當壞蛋」及「別當笨蛋」。

我們必須教會小孩一種能力、一套本事，讓他將來能夠在社會上生存，不必依賴別人，懂得自我負責，這是「別當混蛋」。我們必須教會小孩行為規範，知道可以做什麼，不能做什麼，最重要的，當然是不能傷害別人，不能破壞集體秩序，這是「別當壞蛋」。

這兩種教育目的，在台灣夠清楚、夠明白，很少有人不了解，而且我們的教育資源、教育時間，也大部分投注在這上面。更重要的，這兩方面的教育失敗，對老師與家長都構成很大的壓力，很害怕小孩不能自立，更怕小孩作姦犯科。

然而，在這兩方面的重視，卻相應造成了對第三種教育目的的忽視。什麼叫「別當笨蛋」？真正的「笨蛋」是不懂得追求生命豐富性，也不懂得享受當下生命經驗美好的人。

我們的教育，非但沒有教會小孩如何領略、創造快樂的經驗，甚至還敵視快樂，反對快樂，看到小孩快樂，我們的家長、老師似乎就直覺地認為小孩沒有在學習，沒有在進步。

我們的教育當然更沒有教小孩如何尋找、創造多元的快樂經驗。為什麼小孩看那麼多電視，為什麼那麼多小孩一頭埋進電動玩具裡就出不來？因為他們從來不懂得其他的樂趣，從來沒有人介紹他們安心享受其他快樂。

藝術可以，也必須在讓小孩認識生命的豐富性，享受當下經驗美好上，發揮更大的功能。別人以為完全不必要的藝術，竟然可以帶給社會、帶給小孩那麼豐富的經驗，那麼深刻的愉悅。藝術站在一個該被好好珍惜、開發的位置上，告訴孩子，不要用那麼功利、無聊的角度看待生命、看待教育；大可以興高采烈地指著：「看啊，那裡有多麼美好，可以享受的生活，為什麼不去追求呢？」

有藝術的教育，讓孩子能得到一種自信追求生命多元樂趣的態度與習慣，他就不會在懵懂無知中當一輩子的「笨蛋」了。

教育第一課：了解每個人都是獨一無二的存在

女兒念幼稚園時，老師送班上同學每個人一本書，書名叫《你很特別》。因為書上沒有注音，女兒就要求我陪她看。

書的故事說有一個國度，裡面每個人，都是同一位木匠做出來的。他們一起生活，養成了特別的習慣。如果有人有特殊的才能，或做了令人喜歡的事，村民就會在他身上貼星星貼紙；反過來，如果有人讓他們討厭，他們就在他身上貼灰色圓點。

有一個木偶，很笨拙，什麼事都做不好，結果他身上就老是貼滿了灰點點。他很難過，卻意外發現村裡有一個木偶，身上什麼貼紙都沒有，更神奇的，不管是星星，還是灰點，都沒辦法在他身上貼得住。笨拙的木偶就去問沒貼紙的木偶，沒貼紙的木偶教他去村子外的大房子裡找木匠。笨拙的木偶去了，木匠告訴他：「你們都是我做的，我當然知道你們都是好的，你只要不在乎別人怎麼看你，怎麼說你，身上的貼紙自然就會掉下來了！」

讀完這書，我的直覺反應是：「木匠就是上帝嘛！這應該跟基督教會有關係吧！」翻開一看，果然，這本書是「道聲」出版社出的。

我了解女兒班上老師的用心，她要鼓勵每個小孩相信自己是特別的，得以培養出自信來。不過，這書的訊息，跟我們平常生活的社會現實，有一個最大的差異。我們的木匠在哪裡？木偶是靠相信木匠，才能不在乎別的木偶怎麼看他、怎麼說他的，不是嗎？

西方社會能夠出現那麼强悍的個人主義價值，和上帝信仰分不開關係。所有人都是上帝造的，上帝造這樣的人、那樣的人，一定有其神意道理的，那麼其他人，那些不是上帝的人，憑什麼東講西講？個人能有自信，能夠不被周遭的意見淹沒，能夠獨立思考，因為有上帝。是上帝，而不是人，才是最後最有力的判斷者。

那麼，沒有了上帝的時代，或從來沒有上帝的社會，要怎樣得到個人的自信？要怎樣相信不管別人如何評價，我都可以找到自己的特殊與特色之處，不需自卑，更不需一直去追求別人要我追求的？

要靠兩種條件，一是找到某種超越世俗以外的，不能被世俗簡化評量的標準；第二則是清楚認識到這世界每個人都不一樣，懂得如何看到別人的獨特性與唯一性，這樣才能同時看到自己的獨特性與唯一性。

從一個角度看，藝術是宗教的替代，因為藝術提供了一種非世俗性的超越標準，讓在世俗條件下不利的人，得以選擇自己的獨特發展可能。另一方面，探索自己的身體，知道從出發點上，就沒有兩個身體是一樣的，應該也是讓小孩走向「獨特性」的重要起點吧！

每個幼小的身體裡都住著一位詩人

十九世紀法國評論家聖伯夫（Sainte-Beuve）的名言：「在每個活下來的成人身體裡，都有一個早逝的詩人。」意思是當我們年輕的時候，每個人都曾經有過夠敏銳的情感，以及夠新鮮的字句，可以寫出真誠的詩，然而過了幾年，那樣的情感與字句被忽略、被遺忘了，只剩下平凡無趣的成人活了下來。

二十世紀的俄羅斯詩人丘柯夫斯基（Kornei Chukovsky）有另外一個類似的說法：「每個人小時候都曾經有一段時間是語言學家。」丘柯夫斯基關心的成長階段更早一些，講的是當孩子尚未完全充分掌握母語的規則，還沒有被語言環境徹底同化前，他身上具備一種發明、試驗自己的語言的能力。丘柯夫斯基特別寫了一本書來談這件事，書名極為直白：《從二到五》，兩歲到五歲，就是孩子作為自然的語言學家的黃金時期。

丘柯夫斯基在意的，是如何在讓孩子掌握母語的同時，能夠盡量保留他們那份直覺、創造性、多元的語言敏感，不要完全被取消了。因為他相信、他擔心，失去了這份語言敏感度的人，長大之後就不可能親近豐厚的文學傳統，尤其不可能具備讀經典好詩的本事。

可以這樣說，丘柯夫斯基試圖找出方法來，從更早的發展階段就滋養人身體裡的詩人，讓那潛在的詩人不會那麼輕易早逝。也可以用丘柯夫斯基女兒的說法：「他念茲在茲想為孩子建造一座文學階梯，一階一階上去，讓他們終於能到達雲端的普希金（Aleksandr Pushkin）。」

他女兒告訴我們，促使丘柯夫斯基如此「念茲在茲」的，是因為他每次環顧自己蒐集、珍藏的書籍，就忍不住想，這些書將來還有人讀嗎？還有人能夠藉由這些書到達那樣可以俯視人間、探求天堂的情感高度嗎？

他女兒回憶，有一次她去找哥哥，哥哥很不耐煩地趕她：「走開，妳不知道我在做夢嗎？」在他們家，這是一點都不奇怪的理由，讓一個孩子可以不受打擾地發呆做夢，是保存他內在文學詩興必要的條件。

環顧包圍著我的書架，檢視其中的某些書籍，我一點都不擔心這些書若干年後就灰飛煙滅，不再存在。紙本消失，上面的內容總還是會用別的形式保留在哪座龐大電子資料庫裡吧。問題是，閱讀、享受這些內容的敏感與能力，還會留著嗎？

這個社會上，有很多人努力為孩子打造線上遊戲，相對地，有多少人在替他們「建造一座文學階梯，一階一階上去」，讓他們終將能夠讀得懂楊牧的《奇萊前書》、《奇萊後書》或王文興的《家變》？丘柯夫斯基心目中的雲端，才是真正提升生命高度，而不只是提供生活便利的雲端。

美感從欣賞開始

十多年前，台灣曾遭受「亞洲金融風暴」的襲擊。那波風暴打垮了韓國，讓韓國的大財團一夕瓦解，香港、泰國等地貨幣、股市也相繼遭殃，一片狼藉。那時候，台灣賴以渡過難關的，第一是充分的外匯存底加上央行捍衛新台幣的堅強決心，第二則是一九九九年發生的「九二一大地震」。

大地震是大災難，許多人在其中喪失了寶貴生命，更多人無家可歸。不過，大災難同時是大刺激，社會全體共同命運的刺激，全力投注重建決心的刺激，這些都有助於台灣跨過金融風暴帶來的停滯，昂然走上下一個階段的發展。

不只是經濟上的發展，也包括社會品味上的發展。民進黨上台接手進行的重建工作，最有成就的首推災區校舍重建。年輕、有想法、有抱負的建築師被動員起來，幫災區設計了許多具備風格、特色的校舍，在空間意義上突破過往習慣，開創新的可能性。

校舍教室不只不必千篇一律，更重要的，可以、也應該與周遭風土文化產生呼應互動，這是很多重建學校彰示出的特別訊息。這些重建工程，是難得的雙向訓練，一方面豐富了建築師的設計語彙，引領他們深入思考在地環境元素，另一方面也提供了使用校舍的師生培養空間美感的大好機會。

不過十多年後，我們看到的，不是這些雙向訓練如何透過時間開花結果，而是許多機會令人惋惜地錯失了。除了少數個案，整體而言，中央政府並沒有擬定具體政策，讓同樣的特色建築在公部門繼續出現。相反地，在「採購法」緊箍咒下，公共建築很快又回到平庸、安全的面貌，以省錢、省事為首要考慮，許多錢花下去，得不到足以感動人心的建築結果。

另外一項大可惜是教育單位也沒有後續配套安排，讓學校師生進行建築與空間美學教育。結果這些特色學校陸續被舊觀念、舊習慣改造，開放空間用牆壁圍起來，校長室被強行擴大，外觀任意添加不在設計之中的東西……，本來是新風格示範的校舍，現在成了舊習慣的包袱，被視為不像傳統舊校舍那麼「好用」。

到現在，我們的中小學教育裡，還是沒有一點空間美學的內容。事實上，不只建築、空間、各種生活美學概念都付諸闕如。美勞課教小孩東做西做，卻不教他們如何張開眼睛看到美的線條和光影。音樂課教小孩唱歌表演，卻不教他們如何聆聽、如何理解樂曲。體育課要小孩去跑步、打球，卻從來不教他們如何欣賞各種運動競技，看體操、跳水之美，了解棒球、籃球紀錄的珍貴意義。

這種課程不但教不出畫家、音樂家、運動好手，更慘的，連教出能從美術、音樂、運動中得到快樂的小孩都做不到。有課程教的都收不到效果，那就更不必提像舞蹈、建築、戲劇這種缺乏正式課程的領域了。

要怎樣怪台灣到處是醜陋的鐵皮屋頂？無法辨識建築美感高下的人，當然不會理解又便宜、又容易蓋的鐵皮屋有什麼不好，也就不會覺得城市裡的街道被弄得不適合行人走路，有什麼不對了。誰來影響這些人重新認識自己的生活世界呢？

哲學，被遺忘的必修課

「透過勞動，我們獲得什麼？」「所有的信仰，都和理性相違嗎？」是否想過這樣的問題？如果有人問你這樣的問題，你會如何回答？「如果沒有國家或政府，我們會變得更自由嗎？」「每個人都有追求真理的責任嗎？」這樣的問題，又該如何回答？

我們大部分的人，大概都答不上來，而且都不覺得自己需要去思考、去回答這樣的問題吧！要是拿這樣的問題去問我們的高中生，他們一定更是滿頭霧水、莫名其妙吧？

這些是二〇一〇年法國大學入學考試的考題，每個想要進入大學唸書的法國高中畢業生，都必須思考這樣的問題，給出答案來。前面一組，是文科生的考題，還加上一題從史賓諾莎（Baruck Spinoza）的《神學政治學》裡選出的段落，要考生解釋、評論。後面一組則是理工科學生的考題，也加上了另外一題從盧梭（那年剛好是他誕生三百週年）的《愛彌兒》中選出的段落，同樣要考生予以解釋、評論。

他們考的科目，是哲學。一直到今天，法國的高中生必讀哲學，而且哲學是判定一個學生能否接受精英教育，不管是文科或理工科，最重要的判準。相較於幾十年前，今天的哲學考試算是輕鬆、簡單多了，當年沙特（Jean-Paul Sartre）和西蒙．波娃（Simone de Beauvoir）他們應考時，其中的一道哲學題目是：「你相信在世界萬象背後藏著『理型』嗎？我們如何推斷『理型』的存在，或推翻『理型』的假設？」是的，這是考一個十八歲孩子的題目，而且如果他答不上來、答不好，就絕對沒有機會像沙特或西蒙．波娃那樣進入最精英的「高等師範學院」就讀，取得在社會上的特殊地位。

台灣的大學指考中，即使是想唸哲學系的學生，都不需應付哲學問題。稍微類似法國學生必須接受的考驗，是國文科的作文，看看你如何思考、理解這個世界。二〇一〇年大學指考的作文題目是什麼？是以麵包師吳寶春的故事為例，要考生寫「深與寬」。

這樣的題目，我們每個人腦袋裡轉一轉，大概都想得出來怎麼寫個幾百、千把字。換句話說，這樣的題目要的，只是一點常識、加一點運用文字的手法、技巧而已，會不會寫，寫得好不好，跟學生的思考、分析能力，跟他的自我主張、立場，沒有什麼關係。

我們的孩子長大了，和許多別國的同輩青年相比，在思考、分析能力上會落後，是意外、是偶然嗎？當然不是，是我們的教育本來就設計了害他們在這方面無法跟別人競爭。奇怪，那麼多害怕孩子「輸在起跑點上」的家長，為什麼對這麼明顯的落後，可以無動於衷？難道大家都認為競爭力，只是跟台灣同輩的其他孩子比比就好了嗎？

教養目的與方法必須一致

盧梭的《愛彌兒》在十八世紀給了西方教育觀念很大的震撼，他要求回歸自然的想法，讓小孩發展自身特質的建議，在那個時代，絕對是革命性的。當時很多人寫了很多文章討論、辯論盧梭的觀念，不過實際上，整個十九世紀，盧梭的影響，停留在觀念的領域，並不曾真正變成兒童教育的方法。

十九世紀，兒童教育的主流，相信的不是盧梭，而是英國哲學家洛克。洛克主張孩童生來是張白紙，就看環境遭遇怎麼在這張白紙上寫畫，決定長大之後他會變成什麼樣的人。這種信念下，教育是外加，而不是內發的，教育的責任是讓小孩長成社會意欲、需要的公民。

洛克式的教育理念，給教育者很大的責任，同時也給他們很大的權力。教育者可以決定讓小孩變成什麼樣的人，決定小孩要變那樣，應該經歷什麼樣的過程；回過頭看，如果小孩沒有變成「對的」大人，那麼教育者也就得負完全的責任了。

洛克式教育理念還給教育者另外一層壓力，如果小孩本來是白紙，那麼就沒有理由可以放棄任何一個小孩。沒有小孩是教不來的，甚至極端一點的理論還主張，只要用對的方法，每個小孩都能被形塑成任何樣貌的大人。

這樣的教育信念，符合十九世紀慢慢在歐洲流行起來的平等主義，也大有利於讓教育從原本的貴族特權，轉化為一般人的基本權利。可是副作用卻是，老師與教育體制高壓、僵化，完全不顧慮學生的感受，只追求他們認定的教育目標，學校變成可怕的地方，受教過程變成痛苦不堪的經驗。

於是到了二十世紀，盧梭的浪漫自然觀念捲土重來，成為對抗僵化教育的力量。愈來愈多人主張，愈來愈多人相信，教育不是萬能的，我們無法忽視小孩內在的天性及其差異，不可能，也不應該用同一套方法來訓練所有的小孩。

二十世紀中，西方教育就在洛克式與盧梭式觀念間不斷擺盪。有人整理過美國幾十年來最暢銷的「育兒寶典」類書籍，發現了有趣的現象。幾乎每個時代，都有一本暢銷「寶典」是用嚴厲的態度警告父母，如果沒有用對的方法，及早給予小孩紀律訓練與發展練習，那麼小孩的成長將因而受到阻礙。而幾乎每個時代，也都會有一本暢銷「寶典」剛好相反，用溫和安慰的口氣建議父母——小孩成長的方式有千千百百種，不必太擔心、太害怕，尤其不必急於找「標準答案」，可以慢慢依照小孩的性向發展，協助他去發現自己的路。

換句話說，有洛克式的教法，也有盧梭式的教法。兩種理念教法常常背道而馳，可是兩種理念在美國社會，各有支持者，有些人信這樣，有些人信那樣。

我自己的觀察發現台灣的兒童教育中兩個相關連的問題。第一個問題是，我們其實沒有太多真正「本土」的育兒指南，缺乏以台灣社會資料為背景，思考台灣社會結構、未來發展而擬定的育兒方向。大部分「照書養」時所讀的書，都參考翻譯了大量西方的內容，然而，又對人家教育方法背後的理念不求甚解，隨意將洛克式的紀律和盧梭式的啓發，全都炒在一起。

於是引出了第二個問題，那就是台灣目前矛盾的主流教育價值。我們的主流是：大部分家長都同意應該開發小孩自己的潛能，所以標榜蒙特梭利或福祿貝爾系統的幼稚園大行其道，可是進一步追問，開發小孩潛能的目的是什麼？大部分家長想的，不會是盧梭或蒙特梭利相信的——讓小孩訂定自我目標，完成自我。大部分台灣家長要的，是讓小孩納入一個統一的體系中，考試得高分，未來進好學校，在社會上得到好薪水。可是，問個最極端的問題——如果小孩發現的自我，根本就不想要考試得高分，也不能幫他進好學校，怎麼辦？很簡單，那家長就不承認、不接受小孩這樣的自我，改而追求用高壓紀律讓小孩回到考高分、進好學校的「正途」上。

如此的教育手段與目的選擇，合理嗎？

引領孩子找到願意專注的事

大學裡的校慶典禮中，台下學生睡成一片，在台灣成了新聞。這真的是什麼新鮮事嗎？還有，學生打瞌睡真的是問題重點嗎？

唉，真正的重點從來都不是學生什麼時候打瞌睡，而是他們什麼時候清醒？更重要的，什麼時候會眼睛一亮，把自己的感官全副打開？重點從來都不是學生什麼時候不專心、不用心，而是他們到底會對什麼事情專心、用心？

校慶典禮行禮如儀，尤其校長在台上講話時，是學生應該專心、用心的場合嗎？嗯，至少我私人偏見覺得：反正大部分都是老生常談，瞇了眼、打了盹，甚至乾脆沒參加，好像也沒什麼了不起的。

同樣道理，去立法院列席，聽立法委員在議席上東說西說，大學校長應該專心、用心正襟危坐聆聽嗎？至少我的答案是：這樣要求根本不合理。

多年前，杜正勝剛接故宮院長，第一次在立法院備詢，他手上拿了一本日本岩波文庫的書在讀，被記者拍到了，結果讓立委修理了一頓。老實說，我還寧可我們的校長官員們都有杜正勝當時那樣的求知精神，以及那種對知識、書本的專注態度。

在我們今天的教育體制下，一個在課堂上始終認真、不打瞌睡、不交頭接耳的國中生、高中生，會不會是未來的最佳人才？對不起，又是我的偏見答案：應該不會。理由很簡單：這樣他們就浪費了太多寶貴的成長時間，浪費在那麼少、少得可憐的一點點課本內容上，不斷反反覆覆咀嚼。換句話說，他們根本沒辦法真正成長。

畸型的考試壓力，使得台灣學生要能自我成長，非得學會如何在「不重要」的課堂上將神智游離出來，讓自己休息，也讓自己擁有一點自我思考與夢想的空間。如果在少年時期，沒有學會這套本事，沒有養成這套習慣，那就一定沒有辦法自我成長，也不可能具備自我學習的彈性，只會考試，離開考試的環境之後，他們要如何有傑出表現？

所以說，重點不在於他們打不打瞌睡，更該令人關心乃至憂心的，是他們清醒的時間在幹嘛？尤其是碰到什麼場合，怎樣的活動，他們會醒過來，而且維持奕奕精神呢？

是看劇情千篇一律的連續劇、笑點永遠一樣的電視綜藝節目？是反覆按鈕通關的電動玩具？還是其他的？關鍵差異是：讓他們聚精會神、不打瞌睡的事，對他們培養未來能力、打造未來社會究竟有沒有幫助？這些不打瞌睡的時間，他們是拿來吸收有標準答案、訓練制式反應的訊息；還是可以探索、思考、挑戰，培養面對問題，靠自己力量去尋找答案的能力與習慣？他們是不是真能在清醒的時間，打開感官接收多元不同的刺激，擴充自己的視野，深化自己的觀念，以及增加自我學習、自我成長的本事？

一個在校慶典禮上打瞌睡，醒來之後可以自己說出一套為什麼上大學、唸台大道理的學生，絕對比一個乖乖在校慶典禮上一五一十聽進校長的話，還能倒背如流轉述的學生，更值得我們肯定、更值得我們鼓勵吧！

學校社團不只要「發掘」，也要「發展」興趣

開學後，很多剛進入高中的學生，應該都會花一些時間選擇自己要參加的社團吧？他們應該不曉得：他們在一種過去無法想像的僵化狀態中參加社團，高中

社團以前不是這樣的。

二〇一〇年，台灣的教育部把高中的社團活動做了一番整理，規定每個高中生從此之後，都應該要選一個，而且只能選一個社團，在安排好、固定的社團時間去參加社團活動。

這項規定簡直愚蠢。學校裡為什麼要有社團存在？為了讓學生在課業之外，去發掘並發展興趣。發掘和發展，聽起來很像，實際上很不一樣。有些學生不曉得自己有什麼興趣，十五歲了，是時候讓他多接觸、多看看，知道世界那麼大，世界上有趣的事那麼多，原來別人都在追求各種稀奇古怪的興趣，他或許會對自己的生命，產生不同的看法。這是發掘。

還有一些學生，已經清楚明白自己有什麼樣的興趣，可能也有那方面的天份，在那樣活動中獲得高度快樂與成就感。他們需要的，是有機會遇到志同道合的人，以便投入得更深，精進自己的能力與品味。這是發展。

要發掘，那麼前提就是讓學生有機會多元參與，這裡碰碰，那裡闖闖，看得多、玩得多，他才會從中找到真正和自己有生命內在呼應的領域。規定他只能參加一個社團，先就範限了他的經驗與視野，要如何收到發掘的效果？

要發展，那麼前提就應該要讓學生能夠投入。他恨不得每天都到社團裡找同伴寫詩、討論哲學或聆聽古典音樂，在那過程中，他從一個普通的中學生跳入一種不同的境界、不同的身分裡，學會了為自己，而不是為父母、老師、成績、學校而活著。規定社團只有固定的時間，大家統統在那個時間行禮如儀，有興趣、沒興趣的都一起混在社團裡，又要如何收到發展的效果？

這樣的政策，看起來一點道理都沒有。蠢就蠢在，其做法違背了社團存在的基本理由，關於學校社團的規定，實質上取消了社團之所以存在的意義，這算哪門子政策？

除非是台灣的教育部，誤以為台灣還處於一種狀態，學生統統都只知道唸書，眼中只看得見成績，心無旁騖沒有其他活動，更沒有其他興趣，所以要用這種規定，強制學生至少有一節課的時間，暫時離開課本、考試，伸伸腿，或動動大腦中和考試、分數無關的部位。

除非台灣還在那種狀態下，這政策才有一點點意義。台灣已經不是那樣了，台灣的高中也不是只逼學生唸書考試了，我們的教育部知道嗎？

考試領導教學，作文淪為迎合之論

二〇一〇年二次基測出過一個國文作文題目，叫「這一次，我自己做決定」。

這樣的題目，還真讓人感慨繫之。第一，出題的老師沒有感覺到這中間强烈矛盾，乃至於反諷的意味嗎？要學生寫「自己做決定」，可是連這個題目都是人家規定好，强加在他們身上的，也就是：連「自己做決定」的作文，明明都是「人家做決定」的！

如果真要忠於作文題目的精神，學生該有的反應是：是啊，有了這樣機會「自己做決定」，那我當然「自己決定」我要寫什麼作文題目，就是「這一次」

在考場裡：「我自己做決定」，定一個我最喜歡、最有感覺的題目來寫。如果學生如此理解「這一次，我自己做決定」，試問閱卷老師怎樣反應？學生會有怎樣的成績？恐怕就是大「×」一劃，給個零分吧！

既然沒有要讓學生「我自己做決定」，幹嘛假情假意出這種矛盾的題目呢？顯然我們的老師認為：連「自己做決定」這種事，都可以和真實情境脫節，都可以拼拼湊湊用文辭「作文」。不需要有「我自己做決定」的精神，一樣可以、一樣應該寫出一篇洋洋灑灑的作文來。

作文無關自己的信念、想法，作文無關自己的經驗，只求顯示有足夠能力理解閱卷老師所要的「標準答案」，把它傳抄下來，就能得到分數鼓勵。這是我們作文測驗的基本原則，也是作文測驗敗壞學生的基本問題。

同樣的「作文」心態，也就反映在當年閱卷老師選出來的「範本」上。那篇號稱「程度超過滿級分」的範文，寫了什麼？寫了一段痛苦、逃避不掉的「決定」，父母要離婚，小孩必須決定到底要跟著爸爸，還是媽媽過活。描寫了這種兩難之後，文筆中的「我」「自己做決定」，他兩個都要，既要爸爸、也要媽媽。

多麼方便，但卻又多麼不真實的決定啊！一個家庭裂解的過程，有多少衝突、和解、威脅、妥協，有多少期待與失望，經歷了這一切的小孩，會如此天真、冷靜地說：「我既要爸爸，也要媽媽」？如果還存在這樣的決定選項，也就不會有真正離婚下的痛苦抉擇了。

我不是懷疑這位學生是否有過真實的家庭破裂邊緣經驗，而是感嘆其作文中對於如何處理「真實」的無能為力。那樣的寫作，根本不像在敘述自己有過的椎心痛苦，而且作文在「我」做了選擇後戛然而止，對於這個決定的影響絲毫沒有著墨。如果這樣決定就能挽救了家庭，應該有忍不住要說幾句的喜悅與慶幸吧？

質言之，這就是一篇迎合題目的「作文」，巧妙地用了一個非常情況來凸顯「決定」的重要，但其中完全缺乏對於那非常情況的鋪陳，沒有那非常人間情境中的真實。

如此概念化的作文，竟然得到這麼高的評價，閱卷老師們到底在想什麼？考試領導教學，拿這樣的文章來示範，那明年、未來多少學生要被教導去寫那種

「非常情境」，去編造那種他們其實沒有具體感受的事，只為了在作文項目上得高分，這會是件對的事嗎？

培養「追究道理」的態度，才不會盲從

一九五二年，美國心理學家艾許（Solomon Asch），做了一個重要的實驗。他找了自願的參與者，告訴他們要觀察一個人面對問題時的反應程序，所以需要他們回答一連串的問題。七到九個人在同一個場地，然後實驗者開始問一些簡單的問題，事實上，場子裡只有一個人是真正的受測對象，他永遠都最後才回答問題，其他人則是安排假扮的人，他們故意講出錯誤的答案，再看受測者會怎樣回答。實驗發現，有將近三分之一的人，會因為前面人講的錯誤答案，而改變自己原本清楚知道的正確答案。

同時期，美國心理學家梅爾葛蘭（Stanley Milgram）做了另一個實驗。他找來志願者，告訴他們要實驗人受輕微電擊時會有的反應，志願者需要做的再簡單不過，就是依照旁邊專家的指令，按下面前的按鈕，那麼隔著玻璃，實驗屋中一個身上連著電線的人就會受到電擊，專家就能記錄電擊反應。專家告訴來按鈕的人：被電擊者是自願參加實驗的人，而且電擊絕對不會有真正的危險。

實驗開始，每按一次鈕，被電擊的人顯然就多痛苦一層。到後來被電擊的人甚至從椅子上跌下來，痛苦地在地上打滾。然而，不管玻璃那邊發生了什麼事，玻璃這邊的專家，都不為所動，持續發出同樣的指令：「再按！再按！」

其實，玻璃裡被電擊的人，身上根本沒有通電，他們是被找來演戲的戲劇系學生。真正要實驗的，是一個人明明看見別人的痛苦，會選擇繼續接受專家指令，還是會聽從良心的判斷拒絕再按鈕。實驗發現，四五％的人，不管玻璃那邊的人痛成什麼樣子，只要專家下令，他們就是會一直按、一直按。

這兩個實驗，半個世紀後仍然有效地提醒我們——從眾的壓力，和聽從專家的習慣，多麼可怕！大家都胡說八道時，就算我們自己清楚那是胡說八道，然而在壓力下，我們不小心就會選擇跟著一起胡說八道。更可怕的是，只要有專家在旁邊權威下令，儘管擔心說不定再按鈕會出人命，還是有那麼多人會繼續按鈕。

活在這個時代，兩件事逃避不了。我們逃避不了群眾，我們也逃避不了專家。誰也沒本事掌握所有的知識，所以免不了依賴專家；每天有那麼多嘈雜的聲音不斷響著，我們又怎能不受群眾意見影響呢？

愈是逃不開群眾與專家，我們就會愈需要獨立判斷的基礎。什麼是「獨立判斷」？就是當自己的想法和群眾和專家不同時，不必然對群眾與專家投降，而還能保留一點冷靜思考的空間。

如何培養「獨立判斷」的能力？最簡單的方法，就是不只相信答案，還知道答案怎麼來的。也就是不只學習知識的結果，還要學習知識的過程。講得再更簡單一點，就是培養一種「追究道理」的態度，總是在問：「這知識是怎麼來的」、「這知識跟我有什麼關係」，那麼這樣的人，自然不會那麼容易被群眾或專家帶到錯誤或殘酷的路途上去了。

國語課不只是認字課，更是社會課

我手上有美國學樂出版社（Scholastic，就是出《哈利波特》大發利市的出版社）為美國小學編寫的三年級英語課本，其中一課的標題叫：「News or Views?」課文主題教小孩理解：兩個發音類似的字，指涉的是很不一樣、更不該被混淆的兩種東西。News是新聞，是發生什麼事的事實訊息；Views則是意見，是個人的喜好與厭惡表達。

接下來課本裡就列出許多例子，讓學生練習怎麼分什麼是News、什麼是Views，也讓老師可以帶領孩子在課堂上討論。

這是「英語課」，卻同時也是社會課。看人家這樣編課本，感慨一，為什麼我們的國語課文不能更多一點內容？為什麼課文總是空空洞洞，好像只有教小孩認字才是重點，認了字，讀了課文，可以從課文中吸收什麼相對不重要。

看人家這樣編課本，感慨二，為什麼我們的教育內容如此忽視新聞、資訊，難道辦教育的人都看不到：外界的新聞、資訊，遠比老師、課本對學生相信什麼有更大的支配、影響力量嗎？

學校、老師可以做、應該做的，是提早告訴孩子們，他們將要遭遇的資訊環境究竟是怎麼回事，並且為他們做思想與態度上的準備：如何了解資訊、如何對待資訊。這些工作如果早點做、持續做，那麼等小孩大到會感受大量資訊撲天蓋地圍過來時，他就不會盲目天真將這些東西照單全收，就不會被這些東西牽著鼻子走，能夠保有基本獨立判斷的空間。

分辨 News 和 Views 就是一個很好的起點。接下來可以慢慢讓孩子們知道：為什麼會有新聞、新聞又是怎麼來的。新聞不是天上掉下來，新聞是人去跑出來的。每天在外面跑來跑去就可以知道新聞嗎？當然不是。負責跑新聞的記者必須具備一定的能力、一定的條件，才有辦法知道新聞在哪裡，把新聞找出來。

因為新聞是人去「跑」出來的，新聞就可能受跑新聞的人影響。他們覺得什麼是新聞、什麼不是，就影響我們會看到什麼、不會看到什麼。但我們為什麼要照單全收他們的判斷呢？還有他們的意見常常摻夾在事實裡，我們要用什麼程序、什麼方法去分別開來……。

這樣的教育、提醒，對小孩多有用！等他們長大了，對整體社會多有用！他們具備基本新聞常識，也就具備了分辨新聞是非與好壞的能力，他們對新聞的選擇會不一樣，今天很多奇怪的新聞亂象也就不會存在了。

然而不幸地，學生有那麼多時間在學校裡，從國語、數學、社會、自然眾多科目裡，偏偏就是學不到這種最切身實際的內容。要到他們已經被當前扭曲、惡化環境下產生的新聞洗腦了，教育體系裡才不清不楚地提一下什麼是新聞、什麼是新聞工作，到那個時候，這點內容能發揮什麼作用？

光是這件事上，就清楚看出教育體系的脫節，多少年都沒有回到原點誠實、認真地問：這種變動環境中，小孩究竟最迫切需要學什麼？沒問過、沒得到過答案，也就當然不可能就這種思考去設計分配學生的學習時間，學生花了比別人多好幾倍的時間，卻無法學到相等比例的知識，也沒有能力自主應對現實社會，這是浪費，天大地大的浪費啊！

第2課——勇敢創新：青春不該只有考試，學歷不是一切

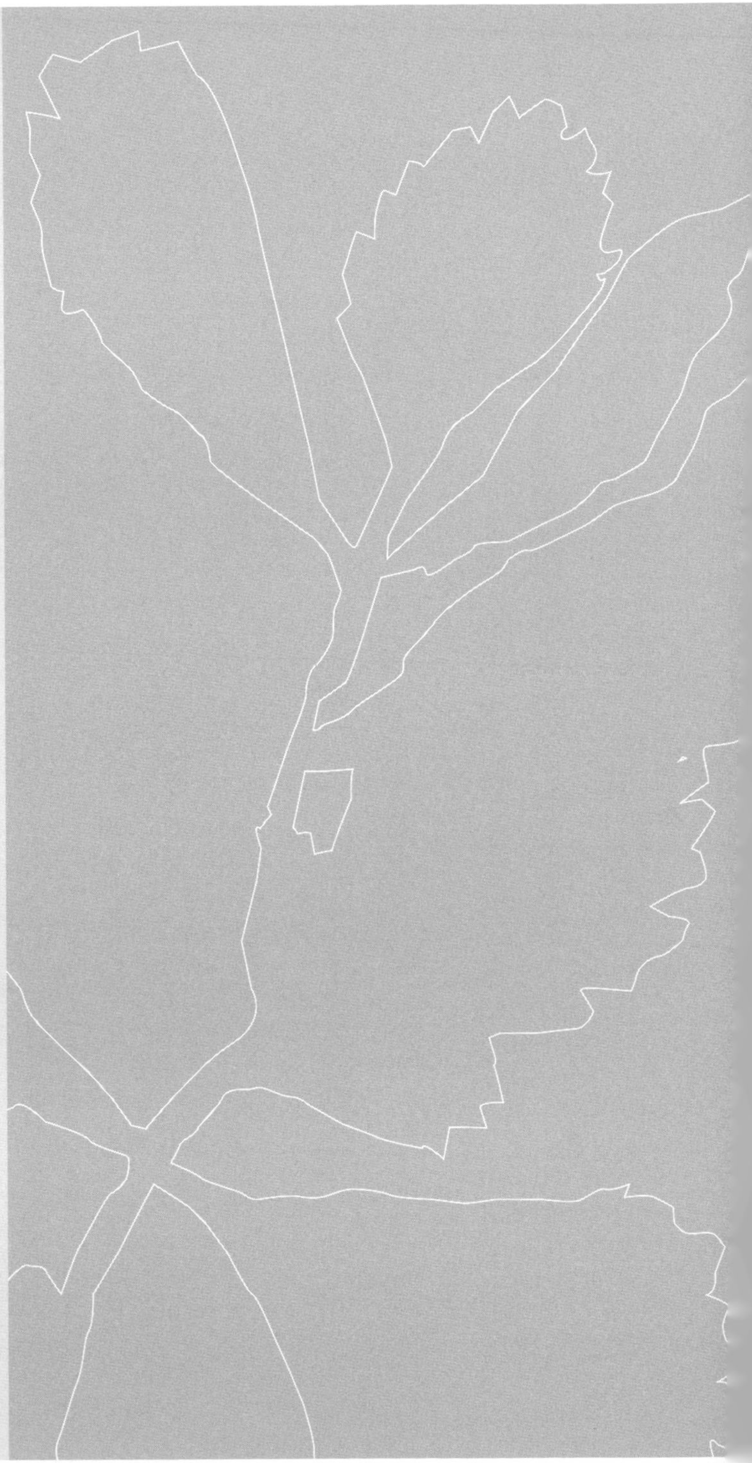

教育是社會進步的土壤

表面上，台灣是個重視教育的社會，但重視到什麼程度？又是用什麼方式重視的呢？

先讓我們比較一下。一百多年前，在內憂外患夾襲之下，中國滿清朝廷瓦解了，建立起「中華民國」。「中華民國」的建立，是中國承受西方衝擊，一連串變革中的一環。這段歷史，開始於一八四〇年代，中國見識了西方的船堅砲利，刺激出了「向西方學習」的想法。

首先要學的，是西方的技術，尤其是如何製造更多武器的技術。「同治中興」逐步建立起中國的新軍隊，最重要的當然是海軍。到了一八八〇年代，中國海軍不管在器械配備或總噸位上，都足以在國際間占有一席之地了。然而，也就在這個時候，海軍的後續經費被慈禧太后大筆挪用去興築園林，一八九四年，中國與日本在黃海的海軍決戰，竟然以中國慘敗收場。

連原本中國的屬國，改革起步比中國還晚的日本，其軍力都凌駕在中國之上，這敗績，真的很難嚥得下去。檢討黃海戰役，兩件事清楚浮現出來。第一，中國的船艦有噸位，然而在靈活程度上，卻遠不及日本海軍。日本海軍配置的，是一八九〇年代的新型艦艇，而就在日本海軍大舉購艦換血時，中國海軍幾乎完全停止船艦投資，理由很簡單——沒有多餘的錢。第二，中國海軍的訓練，遠不及日本海軍。雙方敵對開戰之前，日本海軍將領曾經登上北洋艦隊船艦上參觀，赫然發現艦砲砲身竟然被兵士拿來掛晾衣服，日本人立刻知道了北洋戰力並不可畏。

甲午戰敗，關鍵不是武器技術，而是敗於政治上的錯誤。加深的危機感中，終於逼出了「百日維新」，要從政體本身進行更徹底的改革，然而百日改革措施帶來的卻是慈禧復辟、光緒軟禁、康梁流亡的結果，於是主流的思考模式再度為之一變，由原先「改革」的理想激化為「革命」。

一九〇〇年，八國聯軍攻入北京，慈禧挾光緒倉皇逃往西安，清廷的威望與控制進一步下降，也就有愈來愈多人能夠接受「推翻滿清」的革命口號了。換句話說，向西方學習的重點，更進一步從政治運作轉到了政治制度了。

政治制度上翻天覆地的變化，在一九一一年形成了。幾千年帝制一旦土崩瓦解，「民國」取而代之，原本清廷眼中的匪寇孫中山就任臨時大總統，中國成了亞洲最快複製、模仿西方民主政體的第一個國家。

但這樣的「第一名」帶來的問題，顯然遠超過其所能解決的。皇帝沒了，但帝制中最落伍、最糟糕的現象卻沒有隨而消失，改頭換面又進入新的民國體制裡。在這之上還加了中央無能收拾局面，到處軍閥林立，魚肉人民的混亂，很快地，原本對於民國肇建的樂觀期待落空了。光是一個民主的外殼，還是無法解決中國的問題，民主內部，要有真正相信民主的人，要有能夠運作民主的基本信念與素養。

於是「向西方學習」的重點，再一變而為必須學習西方的文化，甚至是西方人的生活方式，不從這樣的根底上用力，中國擺脫不了持續混亂的局面。在此之前，大部分追求改革的人，都强調應「重實學，輕虛文」，主張要努力學習「有用的知識」，去除掉過去中國傳統教育裡教的那些心性道德空談，這樣才能救國。可是努力救國幾十年下來，新一代的知識份子卻赫然發現：要讓有用的知識產生真正有用的效果，原來不能只學人家的「實學」，同時也要學過去以為虛無飄渺的抽象道理。

所以我們看到了「五四」一代對於文字、文學的重視。接著看到了教育意識的高漲，即使在對日抗戰、兵馬空傯之際，大學沒有被放棄，大學教授、大學學生繼續以昂揚的精神求學、求知，沒有人罵他們緩不濟急，沒有人覺得應該讓他們停止學習，趕快上戰場去。

如果說有一種「民國文化」，值得我們珍惜看待，那應該就是對於教育的重視了吧！「中華民國」和後來的「中華人民共和國」最大的差異，在於「民國」沒有毛澤東的「延安文藝座談講話」，沒有延續「講話」精神，將文藝、文化降等為政府工具的管轄、管制。

從統治上考量，國民黨何嘗不想控制文人、控制文化，但他們做不到共產黨那樣的程度。根本原因，國民黨上上下下還是相信教育、相信啓蒙的重要性，他們再怎麼樣也做不出關閉大學，讓學生騎在老師頭上，羞辱教授，把教授下放到農村去的事。只要大學還在，教授、老師的尊嚴還在，知識傳授的活動還在，文化就是會有自己的力量，對抗政治權力的控制掌握。

流離到台灣之後，國民黨有懲於大陸失敗的經驗，加强監控學生，然而蔣氏父子仍然沒有要關閉學校，相反地還延長了國民義務教育，並增設了高等院校。人民有了愈高的教育程度，眼界愈寬，也就愈有自我主張，國民黨想要繼續維持威權統治，也就愈來愈困難了。

百年時間，經過曲曲折折變化，「中華民國」畢竟完成了一項無可磨滅的成就——建立了一套可以運作的民主體制，而塑造這項成就最根本的動力，來自於龐大而持續的教育投資。教育讓人看見廣大的世界，教育給人自信，教育使得高壓强制的命令失效——民主的內涵於焉誕生。

站在這樣的歷史基礎上，現實中最值得被提醒的，正是對於教育形式與教育內容的關切。穩定且堅實的教育體制，是維持台灣民主、開放社會正常運作的必要條件。再接下來，「中華民國」是上升，還是沉淪，也必然取決於我們今天給下一代什麼樣的教育，教出什麼樣的人才來。

考試讓好學生失去興趣，讓壞學生失去信心

在我們的內閣部會裡，跟學校、學生關係最密切的，叫做什麼部？是「考試部」，還是「教育部」呢？查查行政院組織法，確認正式名稱應該叫「教育部」，然而為什麼教育部管教育的方法，永遠都離不開考試？翻查新聞，查一下教育部長的名字，幾乎每一次都和考試連結在一起。

這真是一件可怕的事。教育部長不關心考試以外的事，或者教育部長以為辦教育最重要、最核心的事就是考試，或者是這個社會對教育部長做的事只有跟考試有關才有興趣——不管是哪一項原因造成這種情況，都讓人不寒而慄。

不只「教育部」變成「考試部」，好像連原來的「國科會」、現在的「科技部」也一併被納入「考試部」了，「國科會」做的「布局全球人才，提升國家競爭力」的報告，指出台灣學生欠缺多元文化訓練是一個問題，那怎樣處理這個問題？應該要加强外語能力。那又該如何加强外語能力？建議教育部該將美語

聽力與口說測驗納入指考！

這真是荒謬跳躍的化約思考，示範了我們政府官員的智力程度，即使是主管國家知識發展政策的官員，都用這種方式思考，國家要怎樣有競爭力？學生英語具備好一點的聽說會話能力，就能增加多元文化訓練？那是什麼樣的多元文化論？更奇怪的是，要增強能力，就靠考試？

當時的教育部長針對這樣建議，竟然還覺得很好，只從技術面表示實施上可能有問題。真正有問題的怎麼會是技術，而是這種以考試為教育核心的根本觀念啊！

台灣學生外語能力為什麼不好？一項主因就在幾乎都是為考試而學，為分數而學、為別人而學，從頭到尾不曾建立起為自己增廣見識、豐富生命而學英文的觀念，更不曾享受過因為學會了英文而得以學到多元文化的刺激與樂趣，這樣英文當然學不好！

笨蛋，問題就在考試本身，而不在考什麼啊！考試讓好學生失去興趣，讓壞學生失去信心，考閱讀、考文法，學生就對閱讀、文法沒有興趣、沒有信心；那麼加考聽說，一樣只是讓學生對聽說失去興趣、失去信心罷了。

真要學好任何一門知識，需要的是強烈的學習動機，而考試恰巧是抹煞學習動機最大的力量。我們的學生平均數學考試的應付能力，高過美國、英國，可是有因為這樣讓我們成為數理大國嗎？

真正要解決多元文化學習問題，只能從打造多元文化環境著手。與其考學生，不如先考考官員，從科技部、教育部官員考起，看看他們自己到底具備多少多元文化的訓練，算得上是「全球人才」嗎？道理很簡單，自己都不具備「全球人才」的條件，要怎樣訂定台灣「全球人才」的發展政策？

自己不曾經過考試檢驗，卻動不動就要用考試來解決問題，把所有教育、學校、知識相關事務，全都籠罩在考試裡，把組織法上沒有名份的「考試部」弄成最大部會，這樣的官員真是令人不敢領教啊！

重要的東西不能量化

一個美國律師，幾乎個人隻手改變了法國紅酒產業。

這個人叫做羅伯特．帕克（Robert Parker），一九七〇年代後期，他做了一件很簡單的事，熱心熱情地自費出版一份通訊《紅酒鼓吹者》，在那上面給他喝到的紅酒打分數，每個酒莊、每支酒，都會得到從零到一百的評分。

以歷史悠久的法國、英國「品酒文學」來看，羅伯特．帕克的通訊簡陋得很，既沒有文字魅力，也缺乏精確的分析。然而，對羅伯特．帕克的美國同胞來說，《紅酒鼓吹者》再好不過。清清楚楚的記分高下，讓他們可以「按表索酒」，這瓶酒得幾分，標價多少，他們也就能夠評估該買，還是不該，不會再像以前一樣，看到酒瓶上密密麻麻的法文字不知所措。

《紅酒鼓吹者》大受歡迎，他評分高的酒明顯賣得特別好，改變了原來法國紅酒的市場結構，進而改變了整個紅酒市場的運作。

法國紅酒當然本來就有不同等級，羅伯特．帕克的品味，其實滿通俗、主流的。富享盛名的五大酒莊產品，在他的通訊裡都得到很高的分數，他並沒有特別去挖掘、發現什麼了不起的紅酒出來，也沒有挑戰既有的等級共識。然而，法國人看待等級的方式，卻和羅伯特．帕克大不相同。等級只是概略的分類指南，同樣等級內有很多不同酒莊生產各有特色的酒。每個人還是會在一個等級裡，找到跟自己口味比較合的酒。換句話說，等級內部擁有很大的差異性。

然而，照《紅酒鼓吹者》那樣打分數，每一支酒就放在同一條線上排排站了。任何兩支酒都有兩個分數，也就一定有一高、一低，看這種指南去選酒的人，腦袋裡就不會有兩支酒各有特色，可能都值得一嚐的概念。如果他只打算買一瓶酒，當然會買得分比較高的那瓶。

這樣搞下來，長期的結果，就是抹煞差異。美國市場賣的法國酒，都被打分數、排排站，站前面的賣得好，站後面的只能訂比較低的價錢，連鎖反應，想要開拓美國市場的法國酒莊，就只能迎合那固定的品味，調整酒的味道。

紅酒變得單調，而且愈變愈無趣。原來法國人擁有的悠閒品酒，可以嚐試各種酒，可以試釀各種酒的精神快速消失了，取而代之的是大家愈來愈激烈、卻愈來愈缺乏創意的競爭。

考試，尤其是單一線性評分，可以破壞許多好事。連法國紅酒都抵擋不了分數的破壞，唉！

應付考試不等於學習

前監察院長王建煊曾經罵學生「笨蛋」，浪費生命當中最美好的時光拿去打工。王建煊顯然有所不了解，年輕學子生活中還有一項更可怕的浪費，就是將眾多時間耗在「考試」上。

如果花時間打工是「笨蛋」，那花時間應付考試又如何呢？打工和應付考試有根本同樣之處，都是耗掉了生命中最能快速學習的時光，卻沒有學習。

應付考試不是學習。考試要考的內容，就只有那麼一點點，學生卻必須花那麼多時間反覆練習、背誦，真的不是為了理解、學習那些內容，而是為了在考試中快速答題，拿到分數。如果真是為了學習，哪需要花那麼多時間？如果真是在學習，那麼國中三年、高中三年，可以學、應該學的東西，多過課本提供的十倍、百倍啊！

我們教育最大的悲哀，就是硬是將考試、應付考試等同於學習，誤以為考試考得分數，就是學習成就的證明。這兩件事天差地別，為什麼可以就這樣理所當然送做堆呢？

現在的學生大部分對歷史沒有興趣，他們不曉得背那些過去的年代、人、事有什麼意義。歷史和他們無關，要如何有興趣？又怎樣能讓歷史與他們有關呢？而歷史與他們有關的又是什麼？

是故事、是解釋，是讓他們體會、認知原來以前有人這樣生活，原來人的生活有這樣的經驗與道理。可是故事、解釋寫不進我們的中學課本裡，道理很簡單，故事、解釋需要篇幅，不可能三言兩語交代清楚。

課本那麼簡明扼要，學生都已經學得苦哈哈了，哪還能給他們更多、更長的內容呢？唉，學生讀得苦哈哈，是因為被要求以能應付考試的方式讀，而不是以享受故事、認知經驗的方式學習。不幸的是，一旦要他們什麼都記得，考試都能答出標準答案，他們就只能背誦最無趣、最無聊的史事，不可能真正了解歷史。

多少學科都是在考試、應付考試中被扭曲，甚至被阻絕了學習啊！而我們竟然還堅持考試是學習的必要手段，甚至考試本身就是學習！學習再重要不過，然而考試卻常常是浪費時間的主因。尤其是被提升為目的，取代了學習本身，無限上綱的考試。愈考學生愈沒有機會去學習，也就愈學不到東西了。

與其批評打工浪費時間，王建煊不如花點精神為耗在考試裡的學子們說說話。畢竟打工是個人選擇，也有不少青年打工是真正出於環境需要，很難一言論定；可是考試卻不是他們哪個人自己選擇要的，更是他們誰都沒辦法選擇不要的。考試制度如此畸型地讓考試等同於學習，甚至取代了學習，是政府政策造成的，至少是政府政策可以去改變、應該去改變的。

政府的教育單位自己卻只在意、重視考試，每天念茲在茲管考試，自己的心態先把考試等於教育，這樣的教育決策者毫無感覺地大把大把浪費學生的生命，曾經同屬政府機構領導者的王建煊，似乎沒什麼資格批評同學們打工浪費時間吧！

人生不該是一場「贏在起跑點」的比賽

幾年前開始，台灣各大學的招生額度加起來，超過了每年投考大學的考生總人數。換句話說，如果完全按照供需關係，只要願意考，每個考生一定都有學校念。

然而在教育上，產生的效果是什麼？幾乎所有人都同意的是，使得高等教育的品質不斷下降，然而卻沒有真正解決升學考試的壓力。怎麼會如此？大學太多，大學文憑太普遍，相對地一張普通的大學文憑也就不會有什麼具體的社會價值，於是不管是企業徵才，或家長的期待，就不能只是上大學，而得要「上好大學」。大學多如牛毛，可是大家認定的「好大學」卻只有那麼寥寥幾所，要「上好大學」才有意義的話，那麼就只好拚命補習，努力準備考試了。

「上好大學」很難，於是也就得先想辦法進升學率好的高中，才能「贏在起跑點上」。偏偏為了貫徹「義務教育」的理想，高中升學考盡量要出簡單的題目，結果非但不是讓國中生可以輕鬆學習、應付考試，反而逼著他們如果要在考試中獲得頂尖成績，「上好高中」，就只好每天耗費許多時間，就那有限的簡單題目反覆演練，想辦法練到一題都不能錯。

考試考的不再是學習能力或學習成就，而是誰比較謹慎小心。神經粗一點的小孩，管你學得多好、知識多豐富，只要考試不小心答錯幾題，完了，沒有「好高中」唸了！

於是，一場看不見的巨大浪費，在台灣社會進行著。那麼多十幾歲的小孩，那樣活力的青春年華，如此澎湃的學習能量，全都投注在很少、很少的教育內容中，什麼事都不能做，每天想著要如何把這些題目弄得滾瓜爛熟，去應對考試。

大筆、大筆時間耗下去，他們真正學到什麼？很少、很少！

另外一項後遺症，是既然只有少數人能夠「上好高中」、「上好大學」，其他人則統統都可以「上高中」、「上大學」，於是認定自己上不了好高中、好大學的人，也就失去了學習的動力。隨便混混都能考上高中、大學，考上的高中、大學，別人也不覺得有什麼差異，那幹嘛還認真念書，跟自己過不去啊？

失去了學習動力的人，在學校裡混著，又形成了另一股浪費。留在學校愈久，浪費愈甚，更糟的，留在學校愈久，混得愈舒服，也就愈不想畢業了。沒有人算得出來，這種教育狀況下造成的浪費究竟大到什麼程度。不過有件事是明確可以從中得到結論的，那就是：並不是受愈久的教育就愈好。延長教育年限，讓小孩留在學校裡，相對是容易的。真正難的，也真正需要小心規劃的，是到底要教他們什麼？該如何教？最後教出什麼樣的社會新鮮人？對社會產生怎樣的作用？

學校不是逃避就業的庇護所

和一位朋友聊天，講到他正在唸大學的兒子，他很感慨地說：「竟然連唸歷史系都能唸到第五年。」我是歷史系畢業的，我想我懂他的感慨，歷史系課業沒那麼重，也沒有什麼一定搞不懂、過不了關的課程，唸歷史系卻無法在四年的正常時間中完成學業，看在爸爸眼裡，難免覺得有些丟臉。

我勸他：「現在在台灣，只拿到學士學位，而且四年就畢業已經是少數中的少數了。」我的意思是：第一、他兒子的情況，一點都不特別，太多人都是這樣的，除非下定決心考研究所，或是已經有研究所可以唸了，他們是寧願不畢業的。第二、在這個年代，不畢業通常是自願的選擇，不是學業落後的結果，所以爸爸沒什麼好難過的。

這不完全是拿來安慰朋友的說法，而是真正有事實基礎的。依照正式的統計資料，台灣有四百七十萬在學的學生，占全人口的五分之一。其中研究所學生持續增長，相對地，小學生人數持續減少。另外一個持續成長的數字，是每所大學院校中「延畢」的學生人數。換句話說，台灣年輕人口沒有增加，但是年輕人在學的時間愈拉愈長，年輕人當中的學生比例也愈來愈高。

求學當然不是件壞事。不過，如果「作學生」變成了一種長期理所當然的習慣，甚至普遍地以不離開學校來逃避現實，那可就是個值得令人擔心的社會現象了。

第一個關鍵問題：年輕人到底在逃避什麼？——逃避面對職場，面對不同的人際關係與生活樣態。他們習慣於學校中和同儕之間的互動，沒有準備、也沒有意願要用別的方式面對別的人。同儕互動有一種自由，不需要多考慮說話、行為可能引來的反應；學生生活也有一種自由，不需要多考慮自己該如何安排時間；如何追求自我成就。離開了學校，當然就沒有這樣的自由了。

這樣的逃避，也就引發了第二個關鍵問題：他們失去了為自己創造自由的勇氣與動力，寧可留在別人保護、圈劃出來的環境裡，享受別人給予的空間。和上一代相比，他們很少意識到：學校那個空間，是別人規定、控制的，不是自己去打拚開墾出來的。

從好的一面看，台灣的高等教育體制大幅鬆綁，學生不再像以前一樣急於想掙脫束縛，跳出校園圍牆；然而從壞的一面看，台灣的高等教育體制無法提供充分的壓力，如此缺乏壓力的情況下，不管在大學裡待了多久，學生真能學到什麼呢？

很多時候，他們只是一門課、一門課混過去，累積衆多打線上遊戲或線上交友的時間，在便利商店打工，做最簡單完全不動腦筋的工作。這樣的學生生活又必然讓他們缺乏真正的本事可以應對學校以外的環境，也就刺激他們想要用各種方法繼續延長在學校的時間。

以前在職場上，愈高的學歷通常意味愈高的競爭力。可是在這樣的潮流下，高學歷的意義必然改變了：意味著身上那種學生習慣愈强，逃避的態度愈强，相對也就愈難在新的、陌生環境中適應、發揮了。

物以稀為貴，真的，願意唸完四年大學就畢業的年輕人，會在台灣職場上愈來愈受青睞、重視的。

碩士不當膨脹，學歷只會快速貶值

沒有人不知道台灣的大學過剩，沒有人能否認台灣高等教育嚴重供需失調，可是到現在，教育部還是沒有針對這件事做出全面、通盤的規劃。

教育部在等什麼？不論從教育產業的角度看，或是從國家人才資源的角度看，這都是件天大地大的事。更重要的，從這兩個角度看，台灣高教的危機，根本就不是未來式，而是現在進行式了。

一家網路人力仲介業者調查顯示：超過八成企業不肯定碩士學位；給碩士員工打的分數，平均只有六十八分。在職場上，碩士員工起薪只比學士高不到四千元，以這種差距，要多賺到唸一個碩士學位平均需要的一百萬花費，得花三十年時間，還沒有算上唸碩士時間因而少賺的薪水。

當然，唸碩士不只是為了追求高一點的薪水；當然，衡量碩士教育不應該只看企業主的意見。那麼，以其他的指標來看，我們的碩士教育在哪些方面成功了，取得了怎樣的成就了？

在學術上，我們的碩士生寫的畢業論文水準如何？在普遍知識吸收及自我學習能力上，我們的碩士生比起大學生進步多少？社會上對於碩士生的基本觀感與評價，又大致如何？

別再自欺欺人了，大學過剩、大學教育水準快速下滑必然連帶使得碩士班不當膨脹，使得碩士生教育水準一併下滑。沒有膨脹的，是受教過程中獲得的能力；沒有下滑的，是受教育的開銷與成本。

這是扭曲體制下的浪費，而且是日益擴大的浪費。大學教育需求不足，養不活這麼多學校，不願退場、不能被要求退場，學校就想方設法鼓勵學生多唸幾年，靠碩士班多徵的幾年學費來支撐財務。這種以「救學校」為目的的辦學方法，當然不會有好的教育內容。

到底為什麼要唸碩士，碩士班兩年到四年之中，究竟應該學些什麼，其實從來沒有明確的定位。除了一紙文憑外，去唸碩士的人不曉得自己會得到什麼、該得到什麼，怎麼可能有良好的受教結果？除了一紙文憑，各種碩士班到底在這過程中確保學生學到了什麼？全無保障、少有檢核，難怪企業主對碩士畢業生的加值評價不高。

這已經是很大的危機了，而且這危機已經不是用枝枝節節的方式可以處理的了。任何單一一所學校，都沒有能力應付這樣的結構性危機，只能自求多福，當惡化資源浪費狀況的共犯。

這種危機需要政府提供新思考、新安排，重新界定碩士教育的意義，釐清碩士生與大學生及博士生在教育位階上的差異，進而用公權力要求各個學校調整碩士班辦學方式，杜絕辦碩士班來補貼經費的態度，才有可能提供對個人成長有意義，對經濟或知識生產有意義的教育內容來。

最是需要政府、最是需要教育部的地方，我們就愈是看不到他們出面承擔責任。狀況日益敗壞，教育體制自生自滅的情形也就日益嚴重。從小學教育到安親班，一直到碩博士教育，一路都出問題，一路都看不到有人負責、有人承擔，雖然知道喊大概也沒用，還是得再喊一聲：教育部在哪裡？

為學歷讀書，是人生最大的浪費

「博士」其實是「專士」、「狹士」，因為博士教育追求的目標，本來就不是廣博的知識，而是專業、專門的學問。博士教育的程序，從學科考到寫論文，本來就是由廣而狹的，先在學門中選出兩、三個領域，熟讀該領域的主要著作，接下來再縮小範圍，找出一個別人過去沒注意到、沒做過的專精題目，花三、五年時間寫出一部論文來。

「博士」不博，不是拿到博士學位這些人的問題，毋寧是教育系統裡本來就安排設計好的結果。應該問，為什麼要設計這種方式來訓練「博士」呢？如此訓練出來的博士，適合做什麼事、擔任什麼角色呢？

博士是為了確保有人一直不斷在知識的最前線追求突破。博士的責任不是掌握、理解既有的豐富知識，而是站到最前線，尋找重點予以突破，幫忙拓展人類知識的範圍。要發揮這樣的作用，博士們最好能得到安靜的研究環境，進行他們的專精思考與試驗。換句話說，博士主要是訓練來擔任大學、研究院的高等知識工作者的。

這樣正本清源了，我們就能明白：在一般職場上，尤其是需要與人互動合作、需要應付反覆程序的工作，「博士」並不具備任何優勢。他們受的訓練，本來就不是要用來管理人事、進行協調、完成計劃的。既然如此，為什麼我們認定、相信一般職場上，博士應該擁有比較高的職位、領比較高的薪水？為什麼許多根本對追求知識突破、從事研究教學工作沒有興趣的人，也要去考博士班，半忍耐、半敷衍弄出一本缺乏真正知識價值的論文，拿博士學位呢？

這是我們教育概念中扭曲的迷思，以及相應帶來的資源浪費。到今天為止，我們還是陷在學位愈高愈有價值的迷信中，以為博士一定比碩士好，碩士一定比學士好，學士一定比高中畢業生好，於是只要有能力、有資源，大家都要努力往上唸。

殊不知高職生、學士、碩士、博士並不是線性的高下排列，而有其功能上的性質差異，他們不同的訓練過程與重點，正是為了發揮不同功能而設計的。大家平均學歷不斷提高，非但不是好事，還常常帶來人力資源運用上的眾多困擾。

一整代高學歷的年輕人，也就製造了一整代供需失衡的就業困境。就業市場上原本就沒需要那麼多博士、碩士，這些博碩士在學校裡所受的訓練，根本無法和職場相銜接。相對地，適應職場、對企業組織有幫忙的具體特質，從學士到碩士到博士，統統沒有人教，也就沒有人學。

不景氣只是一時的變數，更嚴重的是企業、組織不敢用、不願用剛從學校畢業、有學位卻缺乏基本能力，更沒有基本工作習慣的年輕人。空有學位，不管有多高學位的年輕人，不能徹底執行任務、不能細心安排工作程序、不能進行企劃思考、不能溝通自己的想法、不能理解別人的感受，誰敢用他們？經營者寧可費力氣提高條件留住有經驗的員工，遇有職缺也寧可先用不那麼年輕的求職者，誰能怪他們？

這一代享受最多教育資源的人，卻面臨最嚴重的就業危機，有比這個更大的浪費嗎？這樣令人浩歎的浪費情況，誰造成的呢？

選系應問興趣，而非分數

一位高中應屆畢業生參加大學甄試，被台大五個系錄取，而且這五個系跨了三個不同類組，這是一件值得被媒體反覆稱頌報導的事？

很明顯的，這位學生一來各科成績平均發展，都有不錯的表現；二來她還沒有弄清楚自己未來到底要走怎樣的路，所以她才會橫跨三個類組報名甄試，也才會跨類組五個科系都獲得錄取。

如果這是項成就，那麼稱頌報導背後反映的價值到底是什麼？是肯定這位學生興趣廣泛，全能全才，在那麼多不同領域裡都能有足以考上台大的優異表現吧？

如果是這樣，那就應該表示：我們這個社會是鼓勵這類學子多方發展，維持不同興趣，能夠在科學、人文、生物醫學等面向都有些涉獵、有些理解。可是我們的大學教育基本架構，明明就不是這樣設計的！

真的鼓勵多元發展，要讓一般十八歲的少年、少女擁有跨領域興趣，我們的大學就不該那麼早就叫他們下定決心選系，我們各科系的規劃就不該有那麼清楚的壁壘界線，我們的考試就不該項目愈來愈少、愈狹窄，不是嗎？

真的鼓勵多元發展，大學教育就該參考美國式的安排，前面兩年維持通才性質，到大三、大四後才開始明確分科。而且相應地，要將許多需要費時訓練技術的學門，從大學教育中移開，移到研究所階段去。在美國，法律、醫學、商業，甚至教育，都屬「職業學院」，也都是受完大學教育後才會去唸的。其邏輯、道理是，大學階段該讓學生自我探索，並更深入理解各種學科、職業的實況，大學畢業時，他才具備真正的選擇能力。他可以藉由四年培養的基礎，進到職場在工作裡學習技能，他也可以進入研究所再接受更專業的長期訓練。

我們的系統不是這樣，大學一下子就進入科系分派，一下子就隸屬於一個特定的系，依照那個系的要求、安排接受教育，沒有什麼機會多看看、多想想。就算選輔系、多修「別系」的課，那種意義還是不同於先受兩年通才、通識。大學生還是習慣於有一個明確的科系身分，還是必須在這個科系的限制下進行選擇。

這樣一個跨三類組甄試上五系的學生，接下來呢？她畢竟只能在這五個系裡選其中一個，而且是在報到註冊前就要決定的。這時，她甄試上五個系的成就，馬上轉成了她的包袱、負債，她得選擇放棄四項學科、兩個門類，才能適當地放進我們大學教育的框架裡。

這樣，我們還覺得應該替她高興、應該表揚她的成就嗎？教育制度根本不支持這種多元、多角人才，媒體卻又要煞有介事地拿來炒作，豈不矛盾？其中既凸顯了不同教育價值間的矛盾，也凸顯了教育價值和教育現實間的强烈矛盾。

當然也有可能整件事根本沒那麼複雜，媒體肯定、表揚的，其實只是：這個學生做到了別的學生做不到的事。至於那件事對學生自身、對教育、對社會有什麼意義，根本不在媒體考量範圍內。也有這種可能吧！

低薪是因為社會價值單一，人才從眾

二〇〇一年，「九一一」事件發生後，第二天開始，美國全國有幾千人接到徵召電話，整理行囊，朝紐約出發。這群事件後進駐紐約最龐大的專業群，不是美國軍隊，不是民兵，不是警察，而是心理諮詢與治療師。

專家判斷像「九一一」那樣的巨大災難，使得每五個紐約居民，就有一個可能出現心理創傷後遺症，換句話說，將近五十萬人需要心理諮商服務，而且按照美國通行的心理諮商理論，避免嚴重的衝擊後遺症，應該在災難事件發生二十四小時後、七十二小時前，對高危險群進行緊急集體諮商，才能發揮最大的防治效果。

這些諮商的費用，大部分由公司雇主支出，其他沒有辦法在職場上得到初步諮商治療服務的居民，別擔心，他們可以到合格的心理醫師診所看診，然後將帳單寄到美國紅十字會，得到全額補助。

「九一一」大災難阻礙了許多正常經濟活動，卻創造了美國心理諮商行業那幾年的空前榮景。不只是紐約人，更多在電視機前面目睹世貿中心倒塌的美國人，感到無法忍受的悲傷、憤怒，他們的第一個反應也是：「我得找心理諮詢師聊聊。」

這就是為什麼美國的經濟，不太可能被單一事件影響，短時間內巨幅衰退的主要原因——美國的行業高度多元發展，市場上有太多專業，這一行受打擊，通常就造成另一行得利，總體經濟活力與就業機會，加加減減後，還是差不多。

回過頭來看，我們就能理解為什麼台灣會是亞太地區人力需求最低的社會。很簡單，因為台灣沒那麼多不同的行業來創造不同的人才需求。即使以同樣的市場規模比較，台灣都是個相對「無聊」的社會。長期以來加工、代工的經濟模式，加上半強迫性的提高儲蓄率政策，使得台灣人願意賺錢，卻不怎麼願意用賺來的錢去提高生活上的多元需求。

在台灣，誰會覺得心理諮商是生活中必須的、固定的開銷呢？更別提哪個老闆會認為提供員工心理諮商服務，是公司的正當開銷了！如此一來，我們就當然不會有心理專業人才方面的需求，也就無從創造這一方面的經濟活動了。

類似的例子，多得很。生活觀念上的同化、無聊，缺乏多樣豐富服務需求，於是使得台灣產業要的幾乎都是同一種類型的人才，人才市場無從分化，大家全放在同一個籃子裡競爭，又怎麼可能刺激出高薪環境來呢？而這些卻正是不斷在腐蝕台灣內需經濟基礎，一般人看不到、察覺不到的嚴重問題啊！

教育需求上漲，學歷不再是薪資的保證

從一九八〇年到二〇〇〇年，美國通用汽車上上下下員工人數，從七十四萬六千減到三十五萬，少了二十九萬六千人。同一時期，全錄（Xerox）從十二萬員工變成只有六萬七千人；杜邦從十三萬五千名員工下降到七萬九千人。類似的裁員減肥現象還發生在其他石油、汽車、輪胎、製藥、化工、食品加工各個產

業上，因而使得那幾年網路泡沫破裂的美國，充滿恐慌。到處都裁員，那麼失業的人一定滿街晃蕩了，怎麼辦？

為了安撫人心，聯邦政府公布了明確的數據顯示，從一九八〇年到二〇〇〇年，全美人口成長了二三．九％，然而，就業人口卻成長了三七．四％，工作機會非但沒有減少，還有相當不錯的實質成長。

所以，原來大家白擔心、擔錯心了嗎？讓我們細看一下，到底是哪些行業、哪些公司在員工聘用上，大幅增加了？第一名是沃爾瑪（Wal-Mart），二十年內他們的員工數成長了四十七倍，從原來的兩萬七千人巨幅增加為一百三十萬人。另外一個可觀的大雇主，是麥當勞。二十年中，麥當勞在美國多創造了二十九萬個工作機會。

兩相比較，我們了解究竟發生什麼事了。大家都清楚沃爾瑪和麥當勞員工做的是什麼樣的事，也清楚他們領的會是什麼樣等級的薪水。拿通用汽車和麥當勞相比，通用裁掉的一個員工薪水，大概夠麥當勞多請三個人吧。雖然表面看起來，工作機會沒有減少，但整體美國人從工作薪水上得到的報償，實際上卻下跌了。

與此同時，美國社會對於家戶生活的要求，又不斷提升。本來每個家裡有一輛車是正常的，慢慢地卻有愈來愈多人認為非有兩輛以上的車子，不足以應付家中成員的不同交通需要。本來小孩念完高中是正常的教育投資，現在卻必須追求讓他們都有機會上大學。所以，覺得被工作逼得喘不過氣，是美國人很實在的痛苦感受。

類似的情況，也正在台灣發生。總體經濟數字只能看出就業的量，卻看不出就業的質，也就是工作的緊張壓力程度。二十年來，薪資水準沒有任何提升，有高薪機會的職務不斷減少，相對低層基本工資的服務工作不斷增加，薪資階級的荷包怎麼樣也長不大。

讓領薪水的台灣人愈來愈辛苦，主要不是物價水準，而是生活預期。摩托車遲早該換成汽車，簡單的日用品都有不同等級名牌，每個小孩都要念大學，還要念研究所，這種社會消費眼光的提升，遠比物價上漲，帶來更多的煩惱吧！

第3課——探索自我：沒有標準答案的人生更精采

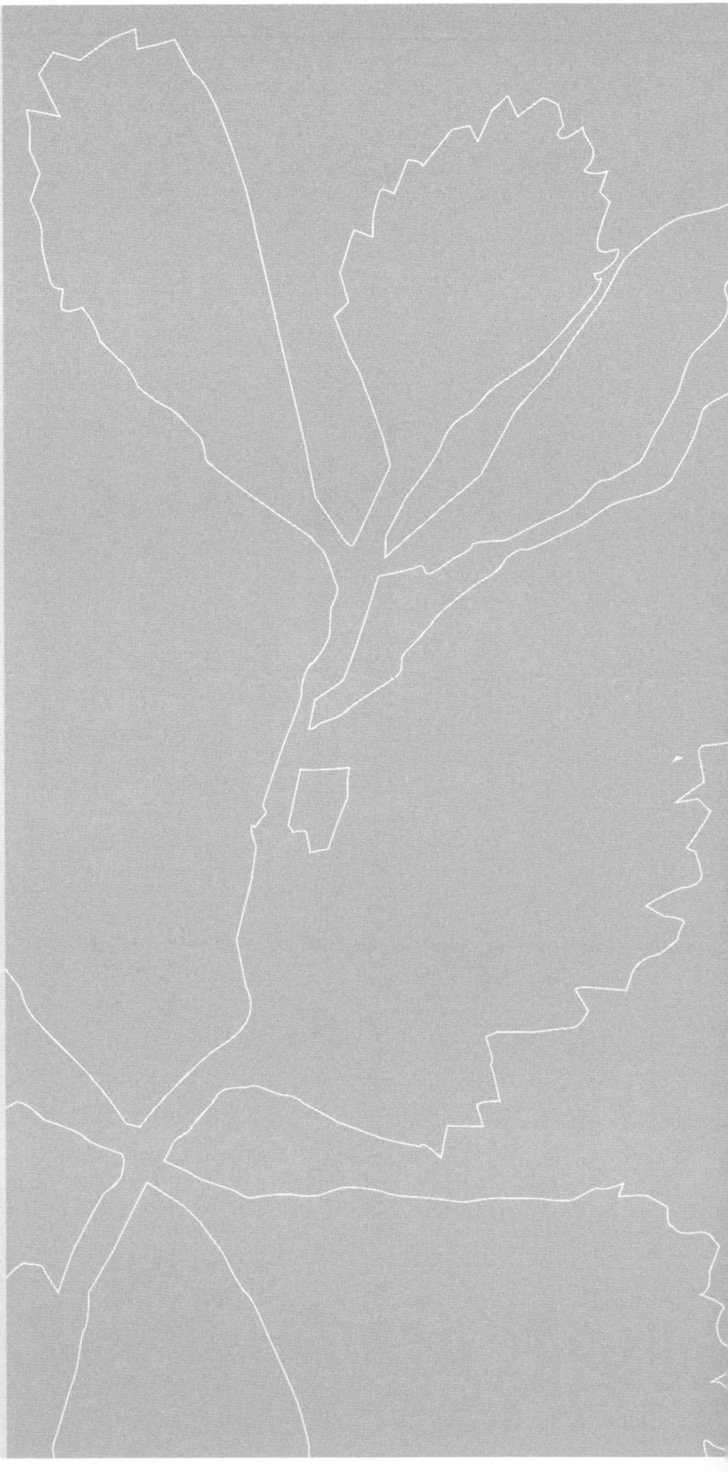

國家需要的是人才，不是會考試的人

每年升學大考那幾天，新聞媒體都會有即時的考題分析報導今年題目難，還是易，有什麼和往年同樣或不同之處。

可是評斷考題的，到底是誰？再仔細看一下新聞內容，從電子媒體到平面報紙，記者訪問、引用最重要的對象，是補教業者。補教業者最關心考試、最了解考試、對考試最敏感（因為牽涉到直接利益啊！）所以，第一時間問他們最方便、最快、最容易得到明確的意見。

有考試，相應有了蓬勃發展、應付考試的補教業，接著每次考完試，就由補教業者充當權威，透過新聞媒體來對社會評價考試出題的品質，再由這種印象回頭影響下次、下下次考試出題的方向與方式，或者由補教業者整理經驗，改變教學生應付考試的撇步，如此環節扣搭，在台灣已經明確建立起來了。

然而，這樣的環節架構中，讓人不忍問、卻又不能不問的是：那教育呢？教育在哪裡？教育的目標、教育的成效在哪裡？考試本來是教育過程中的手段，一來藉競爭刺激鼓勵受教者努力學習，二來用以檢別學習成就與學習潛力，但是現在這種討論考試的態度，口中、眼中根本沒有教育了，彷彿考試本身成了目的，所以才會讓補教業者變成了權威，而且幾乎是唯一的權威，他們從事的、關心的，本來就只有考試，沒有教育，他們是靠考試，而不是教育賺錢的。

從教育角度，關心學生人格與能力發展的觀點，到哪裡去了？補教業者認為題目太難，我們就統統都該接受，做為天經地義的結論嗎？好幾次，我仔細看各級考試的國文考題，我的感覺跟補教業者的意見，大相逕庭。

考題難不難，牽涉到評量的標準，更牽涉到對學生答題思考的期待。有時候，考卷上的引文被視為太長、太難，反應的其實是我們對於十八歲青年們的閱讀能力期待大有問題。考題考的，幾乎都只是要同學瀏覽後取得大意，不需字字句句斟酌，才不過一、兩百字的段落，沒辦法在一、兩分鐘內領略、吸收？顯然是因為考生只會一個字、一個字謹慎研究，只會背誦記憶自己過去讀過的東西，缺乏真正閱讀接觸陌生文本而能快速獲得知識與感應的能力。而這種缺憾，不正就是補教業囂張盛行帶來的惡果嗎？

國家社會將來需要的人才，是會考試的人，還是擁有閱讀學習能力的人？補教業者希望考題都在有限範圍，考很容易準備、演練過的答案，討厭測試真正閱讀領悟能力的考試方法，如果我們就盲目接受補教業看法為考試的目標，那多悲慘！

教育要用心，而不是用錢

這個社會中有很多家長深深相信：所有的學習都應該要花錢來換，連帶也就相信教育的品質跟花錢行為、把錢花在哪裡、花多少，息息相關。台灣的補教產業蓬勃發展程度，簡直令人嘆為觀止。最驚人的，是補教項目的五花八門，什麼都可以補，也就什麼都需要補。支撐這麼龐大產業的，正就是受教育要花錢，花愈多錢能得到愈好教育，不花錢就會害小孩「輸在起跑點」的這一套連環價值觀念。

真的什麼都可以靠補習來教嗎？真的什麼都需要靠補習嗎？語文學習用補的，美術學習用補的，音樂學習用補的，體育技能也用補的，這樣一路補下去，自然就會變成連智力測驗也可以補，最後，連人格養成、個性發展都可以、也應該依賴補習班來幫忙了！

人格養成、個性發展，本來是「自我」最核心的部分，而人的成長，最重要、也最關鍵的過程，也就是認識自我，知道自己是誰，自己想要做一個什麼樣的人，進而明白自己擁有怎樣的能力，適合做什麼樣的事。人類文明經驗給我們的教訓，解決「自我」問題，不能靠別人給的答案，必須自己去歷練、去追尋，不是自己歷練追尋出來的，就不是「自我」。

今天的家長沒有耐心，也沒有勇氣，給小孩自我歷練、自我追尋的空間。這是最大的問題。相信錢、相信補習班，其實是一種逃避、自欺的態度，努力說服自己：我已經花那麼多錢教小孩了，一定對小孩有幫助、有好處。花了錢送小孩進補習班同時也就可以推卸掉責任，不必真正關心小孩實際的個人成長感受，反正國文該這個名師負責、數學該那個名師負責，連小孩不要變成軟弱的草莓族，都可以靠貴死人的補習班來代替負責。

真正發揮最大洗腦作用的，是這樣的逃避與自欺吧！花了錢家長自我感覺良好，但小孩呢？小孩被剝奪了找出自己生命道路的寶貴時光，因為總是在聽命於老師，接受別人提供的學習內容，喪失了找出自己真正興趣及未來自我學習的能力，這些是小孩付出的昂貴代價，補習班會在乎嗎？做家長的，可以矇著眼睛不管、不在乎嗎？

沒有標準答案，探索的翅膀才能伸展

我女兒曾經在雲門舞蹈教室上了超過六年的「生活律動」課程，做為一個經常近接看課的家長，我看到、我感受到的「生活律動」最接近——「沒有標準答案的舞蹈課」。

我遇過其他家長，幾乎沒有一個人懷疑他們的小孩上的是「舞蹈課」，因為他們可以清清楚楚看到小孩的動作，感受到那種動作中的韻律性，然而他們卻常常疑惑：為什麼雲門都沒有教我們一般認定的「舞蹈動作」，而且為什麼同班上課，不同小孩會學到不同的動作，也都沒關係。還有家長最擔心的：怎麼好像都沒有「進度」？

我的理解，家長會這樣反應，正是來自我們教育體系裡，太過根深柢固的「標準答案」訓練。「標準答案」的權威遠比我們想像的更深入台灣社會意識裡。我們不但在考試上努力追求「標準答案」，而且在生活的許多面向上，都有著對於偏離「標準答案」的恐懼。

例如說，因為長期習慣要「標準答案」，就制約了我們讀書的方式。我們一讀書，第一件事就是用很嚴苛的，當年讀課本養成的習慣，不自覺地問：「這書我看得懂嗎？」要看懂每個字，看懂每句話，然後我們才能安心地讀下去。

這種大部分人都視為天經地義的態度，其實大大阻礙了我們接觸新事物、新知識，也阻礙了我們從讀書中得到許多樂趣。老是嚴格計較「懂不懂」，結果是讓我們只願意去讀已經熟悉的東西，而規避陌生的題材。就算讀很多書，讀來讀去都是類似的東西，怎麼可能看到寬廣的世界呢？

這種態度另一項後遺症，是「懂不懂」的焦慮，讓我們學不會享受自己摸索書本意義，一知半解，甚至不知不解，但卻可以朦朧感受的樂趣。在雲門跳舞的小孩為什麼快樂？因為跳舞時，身體真正是他們自己的。沒有人規定他們怎麼動，沒有人糾正他們的動作，沒有人說他們「錯」，一定要怎樣才「對」。

沒有「標準答案」的探索，能夠帶來一種無法取代的自在樂趣。

舞蹈當然不只有自我探索，雲門的「專業舞蹈」課程也會要求小孩一定的身體紀律，但我們別忘了，紀律帶來的成就感，無法取代自我探索的快樂。對於紀律與「標準答案」我們社會了解很多，可是對於沒有標準答案的樂趣，卻相對太少肯定。

試試看用不必計較「懂不懂」的態度去讀書、看電影、聽音樂、看表演，我相信很多過去帶給你困擾的書籍、電影、音樂、表演，會對你展現出不同的面貌來。還有，我希望「沒有標準答案」的態度，也可以透過我們，傳達給小孩，不只在身體舞蹈上，而是他們所有的學習領域中，都可以去試探這樣的挑戰性樂趣。這樣教出來的小孩，將來才會對世界好奇，才會自己願意去探索陌生的花園。

除了追求「標準答案」之外，在兒童教育上，還有另外一項社會習慣，應該稱為「天才兒童症候群」吧！

我們常常用各種形式，鼓勵「超齡演出」。幾年前有一位台灣的小女孩，十一歲就考上了美國費城的寇蒂斯音樂學院（Curtis Institute of Music），她暑假回台灣，在國家演奏廳開獨奏會，竟然早早票就全賣光了。我聽過她的演奏，老實說，她的技巧和表現，就是一個普通音樂學院學生的程度，她能彈奏出來的音樂，大概美國每一個二十歲的音樂學院學生都能彈奏。

換句話說，音樂本身平凡得很，那為什麼那麼多人要買票？不是聽音樂，是看「小天才」表演。「小天才」獲得的掌聲與注意，往往對小孩自己是破壞，是障礙，而不是祝福與助力。一個五歲小孩就能解二次聯立方程式，絕對不值得我們鼓勵，因為這樣的能力，任何一個十五歲的國中畢業生，都會學到。重點不在什麼時候獲得這樣的能力，而在於一個人最後能擁有多少能力，他的數學能力可以發展到什麼程度。

太早的數學小天才，往往忘記了數學這個專業領域，絕不可能靠解二次聯立方程式支撐起來。一個被大人捧成天才的小孩，反而會失去了為自己去追尋數學樂趣的能力，他是為表演而親近數學，不是為了自己。

一個被捧成鋼琴小天才的人，很容易就忘掉了，他擁有的其實是稀鬆平常的能力，是任何一個音樂學院學生都會的，要真正在音樂領域有所突破、有所貢獻，比的不是誰先到達一個高度，而在誰最後能到達最高的那一層境界。

同樣地，沒有經歷過自我身體開發的小孩，就算比別人早一點會一些有難度的動作，畢竟還是進不了舞蹈的門，甚至，正因為他以為那樣就是舞蹈了，將會使他一輩子領略不了舞蹈內在的自由精神。

我們不只要抗拒「標準答案」，還要抗拒「天才兒童」，要抗拒「天才表演」，才能對小孩有真正長遠的幫助。

發掘孩子的「天賦」，而不是「天才」

「當天才兒童的爸媽比當學習遲緩的爸媽要辛苦多了。」

是的，天才兒童需要的是特殊教育，跟學習遲緩的小孩一樣。然而，我們會遇到的真正問題，不是如何教育天才，而是台灣太多家長，想方設法要將小孩教成「天才」。

「天才」能教嗎？「天才」的定義是本來擁有某些特殊天賦才能的人，所以「天才」只能被「發現」，卻不可能以人為努力教出來。如果對「天才」有正確的理解，老實說，不應該有那麼多人希望家中有天才兒童。

天才無法跟人家一樣經驗正常教育，必須為了他們設計特殊的學程，還要留心他們受特殊教育過程可能會有的負面社會化影響。想想，一個數學能力跟大學生一樣强的八歲小孩，怎麼可能安安靜靜聽小學數學課，然而把他放去大學裡，他又如何跟其他大學生溝通、生活呢？

天才注定無法正常地長大，而且他們巨大的天賦，必然會相應壓抑他們其他方面的發展，還是這樣舉例吧，一個數學能力跟大學生一樣强的八歲小孩，他的天賦會持續將他拉向數學，他能在數學中得到那麼大的滿足，他怎麼會願意辛苦地去學國語、自然或繪畫呢？

教天才比教遲緩兒更辛苦。然而，天才哪有那麼多！真正常見的不是天才，而是家長為了滿足自己的虛榮，刻意去開發訓練小孩當「假天才」的能力。不是天才，怎麼假裝？很好裝的，只要大人耗費金錢心力，逼迫小孩集中練習，就能創造出比別人學得多、學得快的假象。如果一個小孩從三歲起，就每天花五小時練舞，你猜到八歲時，他看起來像不像個舞蹈小天才？

問題是，這樣的小孩被剝奪了接觸生命其他可能性的寶貴時光。他們本來可以正常地開發自己各個方面不同的經驗與能力，卻在大人的意志下，變成一個不正常的天才。

大人、父母或老師，應該有那麼大的權力嗎？

讓孩子自己推開人生的門

宮崎駿早期作品《龍貓》不是他最賣座的電影，卻為他賺了最多錢。因為圓滾滾的龍貓很適合做成玩具布偶，幾十年下來龍貓造型授權費持續入帳。

宮崎駿把這些授權費集中起來，全都拿去買土地，不是為了炒地皮，而是把土地買下來讓它荒廢在那裡，用龍貓賺來的錢創造城市中的一點點小荒野。

宮崎駿希望自己能活到一百歲，因為他想親眼看到溫室效應造成海平面上升，看到海水入侵東京，東京鐵塔變成站在海中小島上，看到紐約曼哈頓被淹沒在水裡，看到世界人口銳減，所有都市裡的摩天大樓都成為空屋，荒野綠草在人類文明瓦解的地方重新占領。

這是他真正的期待，來自於他對於文明最深刻的悲觀。他懷念自己小時候成長環境裡建立的大自然關係，他愈來愈不能忍受小孩遠離自然，關在家裡、關在電視和電腦前面，以為那樣就是生活。

有家長興奮地跟宮崎駿形容他們家的小孩多麼喜歡他的作品，反覆每天看他的動畫電影，宮崎駿會露出極為恐慌的表情，强調地說：「不可以！不可以！頂多一年看一次就好了！」

現實生活中，宮崎駿是個對現代生活充滿憤恨與悲觀情緒的人，和他電影裡傳遞出來的氣氛，簡直格格不入。如此悲觀的人，怎麼會拍出電影來帶給看電影的小孩、大人那麼多快樂與興奮感受？

因為宮崎駿生命的首要信條是：「我不要將悲觀傳染給小孩。我讓自己的悲觀在作品裡保持距離。我不認為大人應該將自己對世界的看法强加在小孩身上，小孩有充分能力可以形成他們的看法。」

換句話說，宮崎駿拍的電影，不是要表達他自己的意見、看法，是針對小孩，為了幫助小孩形成自己的意見、看法而拍的。他比台灣絕大部分主管教育事務的人，更接近教育家，提供了小孩更好、更美的教育內容。

課本只是基礎，不是學習的全部

家中有孩子的人，麻煩找時間量一下，孩子背（或拉）到學校去的書包究竟有多重？

小學生的功課多寡，最清楚反映在書包的重量上。書包重到讓學童脊椎側彎，這實在是個令人驚訝、令人擔心的現象；然而，更該令人驚訝、令人擔心的，其實應該是：這樣的問題，在台灣根本不是新聞，我們的教育體制見怪不怪，對這件長期存在的事，視若無睹、漠不關心。

第一個層次的問題：為什麼小孩需要背那麼多東西在書包裡上學、放學？因為我們的家長、老師迷信功課，迷信盡量拉長學習時間，以為這樣就能有比較好的學習效果。在課業安排上，我們的上學、放學分界，意義不大。在學校的學習，一直不斷用各種方式延續到放學後，於是課本、作業簿就必須從學校背回家，又從家裡背到學校去了。

有多少學習效果的心理實驗明明白白顯示學習效果和學習時間絕對不成正比，我們的家長、老師卻從來不理會。

課本能提供的學習，應該只是小孩成長所需的知識、技能中的一小部分，這最基本的概念，也都被刻意忽略了。編得再好的課本，內容都極其有限，如此有限的內容，以學生在學校的時間來學習，是合理的安排，哪有必要再占用放學之後的時間呢？

放學之後的時間，應該讓小孩有其個別、不同的追求，去經歷他們自己的成長，將他們繼續綁在課本上，哪能真的多學到什麼呢？只是浪費他們的時間反覆練習已經學過的東西罷了。

第二個層次的問題：就算一定要有功課，難道非得背那麼重的書包不可，沒有更好的方式來減輕學童書包重量嗎？為什麼我們的教育體制，不能多費點心來處理這個問題？小學生的課本一定要用這種方式編嗎？一定要有那麼多其實用不到的紙本塞在書包中嗎？

更進一步問：一個全球最主要的電子產品製造大國，為什麼電子書包說了那麼多年，毫無進展？是「不能」，還是「不為」？

「如何教」比「教什麼」更重要

台灣教育有嚴重的問題，但是弄得我們的孩子背著沉重書包、早起晚睡的罪魁禍首，不是任何一本課綱，甚至也不是一綱多本的政策原則，而是教這些課綱內容的基本方法、基本心態。

二十年的經驗，應該夠讓我們看清楚：換什麼樣的課綱、課本內容，都解決不了台灣教育的問題。再好的課程內容，別的國家、別的社會用得好好的，一進到台灣，馬上統統變質，都成了戕害學生的工具，這不是件奇怪的事嗎？

怪也不怪。如果我們明白台灣教育界最深刻的扭曲，就不覺得怪了。教育體系上上下下，到今天還是以為教育的目標，是教會學生一套固定的知識，而且要他們把這些知識學得滾瓜爛熟，可以應付考試得高分。用這種態度教，再好的教材內容，都變形成僵硬的東西，強迫小孩用最無聊的方法反覆學習為了應付考試可能出現的細節題目。本來靈活的課程，如此一教，就失去了啓發性；本來要跟生活有關的題材，如此一教，就和具體現實脱節了。

最糟、最慘的，受這種教育，學生付出驚人的時間精神，卻只學到課綱、課本提供的極少量之事，沒有機會學到成人的關鍵能力——自我學習的能力。

課綱、課本編得再好，就只有那麼點內容，那麼點內容又必須迎合各方要求做分配，而且中間必然有許多部分很快就過時，甚至已經過時不切實際了。直接明白講，這種課綱、課程，不可能適合每一個人，甚至不可能適合任何人。課程內容的本質，應該是基礎、是工具，要協助學生在這個底子上，通過這項訓練，培養出學習的興趣與學習的能力，然後去尋找適合自己、自己需要的知識。

痛心地呼籲，別再把時間力氣都花在討論「教什麼」，如果不正視「如何教」的嚴重偏差，課綱怎樣改來改去都無濟於事。「教什麼」相對容易談、容易設計，所以，過去教育決策者都寧可往這個方向去努力，以規避「如何教」，如何真正改革教育風氣、教育價值的根本問題。

找「職志」，而不是「職業」

二〇〇八年的國中基測，出了一個作文題目：「當一天老師」。當時有些老師反應題目出得好、很靈活，容易發揮，卻也有考生茫然以對，不知該寫什麼。從我的觀點、角度看，「當一天老師」最關鍵在「一天」那兩個字，不是要你想想、說說如何當老師，打算當怎樣的老師，只要你當「一天」的老師。

如果說題目「靈活」、「容易發揮」，恐怕就在這「一天」上吧！換個方式想，要是題目裡沒有了「一天」，只剩下「當老師」，我們的社會又將如何評價、反應？

以「當老師」要小孩寫作文，勢必被罵得狗血淋頭，迂腐、冬烘、本位，幹嘛自己當老師就要小孩也都設想如何當老師？要是小孩作文裡明白寫：「就是不爽當老師！」該怎麼給分？

「當一天老師」，就沒這種問題。因為只當「一天」，短短一天，學生可以釋放想像力，讓那一天充滿趣味，也就能夠測驗出學生思考事物與表達想法的能力。

然而，要命也就在「一天」的簡單容易上。當老師與擔當社會上任何責任一樣，最難的就在於不是、不能只當一天。當一天老師，靠新鮮好奇、熱情加一點點想法就夠了。當一天老師，在一天中把自己過去生命經驗拉來運用，一定綽綽有餘，可以教得充實有勁。可是，當一天老師不可能真正教學生什麼，不可能對學生產生影響，因為只有「一天」而已。

要盡到教導、指導學生的責任，老師必須長期教，「一天老師」就不是老師。不只教一天，教一個月、教一年，甚至教十年、二十年，那麼所需要具備的條件可就大大不同了。不只需要熱情，更需要抵抗熱情消逝的方式，讓自己願意日復一日教下去。不只需要想法，更需要完成、落實想法的教學技藝本事。更重要的，需要維持讓自己不斷自我充實的動力，才不會在長期教學中不斷耗損，來不及補充，教不出新東西來。

講得再更直接一點，「當一天老師」是好玩的，「當老師」卻是個建立專業的考驗課題。而台灣社會整體嚴重問題之一，就在於我們不乏熱鬧、好玩、變化、新鮮，相對卻少有對於專業的穩固尊重與肯定。

這種淺碟社會長大的小孩，實在不太需要再被訓練、被鼓勵去思考「一天」的熱鬧。他們最擅長的，就是辦一時風雲熱鬧的活動，反正把什麼好玩的都湊在一起，活動就撐起來了。他們少的，是長遠的眼光，是沉潛準備的思考，是實在具備應對時間的習慣。

從教育的角度，而不是從考試給分數的角度看的話，與其叫小孩想「當一天老師」，還不如教他們如何想像找件事做一輩子。換句話說，教他們認識、尋找自己生命中的「職志」（vocation）。

「職志」不是「職業」，不是拿來換錢養活自己的。「職志」是自己生命內在價值根源浮顯上來的，心甘情願的追求，一種你最有克服萬難、維持熱情從事下去的工作，一種你可以在其過程，而非結果中得到樂趣動力的工作。

最理想的狀況，是每個人認識了自己的「職志」，選擇其「職志」為「職業」，這樣他就能一直保持動力，也就能一直精進其專業水準，並衛護其專業尊嚴。

我們不需要大家都去「當一天老師」，但我們需要大家都能找到願意貢獻自己一生的事業工作。

還給教育工作者尊嚴，師道才能發揮

你家裡念國中的小孩，他的老師可能正因為婚外情問題痛苦、混亂，無心教學。你家裡念高中的小孩，可能捲入學校「微調」成績的荒唐做法，以致喪失徵試大學的機會。你家裡念大學的小孩，可能正在電腦網路上找人競標幫他寫論文，最慘的，他如果不小心一點，在校門口騎車還會被喝醉酒的學校老師開車撞到。

從媒體新聞上看到的會是這樣的台灣教育圖像。當然，鬧出新聞的，都是個案，不一定代表教育環境的普遍狀況，然而，這麼多、這麼密集的個案，背後顯現了再明確不過的台灣教育危機，品格教育與行為教育的高度危機。

危機根源於教育工作者日益低落的自覺與自尊。過去「老師」是個多麼難得的身分，受到周遭多大的重視，因而掛上這個身分的人，必然感覺到別人尊敬、尊崇眼光帶來的壓力。他知道自己的一言一行、一舉一動，會被用更高的標準期待，若有任何閃失，也就會受到格外嚴厲的譴責。「老師」負擔、決定受教者人格養成的責任，那是跟隨著他的工作不可切割的部分。

現在呢？在錯誤的教育政策影響下，高等教育出現嚴重供過於求的情況，突然之間，大學、高中滿滿都是，連大學教授都以倍數成長，量上面的追求，必然以質上面的損失做為代價。

教授、老師人數快速膨脹，也就同時快速喪失了這個行業的自尊與尊重。只要少數不適任教師出問題，社會對老師的看法就低一層，大多數潔身自好、敬業自重的老師也連帶受累。好老師完全無力挽救這個行業的整體社會形象，在他們的地位不斷下降，不受尊敬的情況下，他們能發揮的功能，也就隨而跌入谷底了。

今天台灣教育真正的狀況，是我們已經完全失去「老師」這個角色了。要發揮「老師」的功能，不只需要當老師的人願意努力教，還需要社會尊重他們、承認他們的人格與品格地位。社會條件不存在，個別老師再怎麼努力，能對學生產生多大效果？

要改革教育，不能不從恢復教育工作者的自尊與尊嚴做起。我們不一定需要那麼多「教書匠」，卻需要培養更多有責任感的老師團隊。一個沒有「老師」的社會，絕對是個可怕、野蠻的社會！

第4課——相信閱讀：培養自學能力，幫助學習落後者

透過閱讀也可以學好英語

幾年前，我曾應《聯合報》邀請，到高中大學去宣傳他們報紙裡加附的《紐時周報》，也就是全英文的《紐約時報》一週新聞集錦內容。

去到一所女中，時間早了點，兩位老師熱心接待我。兩個人竟然是大學就認識的朋友，當了老師後還能分在同一所學校服務。可是聊了幾分鐘，兩位老友竟然就在我面前爭執了起來，還差點失態翻臉。

爭執的重點——要不要將小孩送去上全美語補習班。一個已經送了，一個認為沒有需要。正因為我要演講的內容關係到學習英語，他們才會在我面前談起這件事，也理所當然認為我應該幫他們裁斷——小孩到底應該怎麼學英語？

我的回答：那要看學英語的目標是什麼？如果要學到能講一口字正腔圓的英語，那麼是的，小孩應該早早接觸、早早練習，不只是上全美語補習班，而是一路都必須幫他安排英語聽說環境，才有辦法維持到定型。

這樣回答的同時，我更想講的其實是——為什麼要學講字正腔圓的英語呢？在一個中文的環境中，得花下多大的力氣與投資，才有辦法講那樣標準的英語，可是如果換個環境，去看看在美國、在加拿大，沒受過任何教育的人，英語不都說得字正腔圓嗎？

從報酬比率上看，完全沒有道理在台灣學講標準英語，真要追求標準英語，搬到真正的英語環境，什麼事都不必多做，就能學會聽英語、講英語。

換個角度再問：幹嘛學講字正腔圓的英語？學英語的目的如果是為了溝通，那麼有什麼腔調一點都不重要，甚至講得是不是流利都不見得那麼關鍵，重點應該是在，用英語到底能講出什麼樣的內容吧！如果一口字正腔圓的英語，只能用在各地的麥當勞點餐，讓人家誤以為英語是你的母語，那又有什麼用？

然而，很不幸的，以會話為主的英語教學，費了最大力氣教小孩講來講去，都是些生活上不需特殊知識、沒有什麼營養的話，那少少的一點字彙講得滾瓜爛熟，然而講完那些沒有內容的話，還有能力跟別人溝通什麼嗎？更進一步想，不大量閱讀、不接觸大量單字，各種領域的英文字沒認得幾個，講的腔調再好聽，當別人講話時，又能聽得懂多少內容？

學英文應該還有一個更重要的目的——透過英文接觸更廣大、更豐富的世界，例如，透過讀《紐約時報》，讀到中文媒體不會有的訊息，更重要的，中文媒體不會有的觀點。然而，我當然有理由會懷疑多少上會話補習班學英文的人，最後能讀得懂、讀得進《紐約時報》呢？

那次《紐時周報》的活動，跑了很多比較偏僻的學校，不是真的為了宣傳《紐時周報》，而是為了盡一點社會責任，想要傳遞訊息給教育資源比較少的學生，希望他們不要因為沒有機會學聽、學講英語，就放棄學習。用我自己的經驗，我努力想教他們如何擺脱聽說的壓力，從閱讀上學英語。閱讀沒有那麼多限制，自己抱著字典就能進行，更重要的，閱讀才能真正碰觸英文最有用、最有價值的部分。閱讀得來的內容，而不是强調聽、說、會話的內容，更有機會進入我們的生命，影響我們理解這個世界，深化對這個世界的體驗，英文也才有機會成為我們生命中真正的一部分，而不只是膚淺的工具。要花那麼大力氣、那麼多時間去學習，幹嘛只學到皮毛呢？

學會找到意外寶藏的本事

一九八七年，我到美國留學，學校所在的小城最熱鬧的一條街上，有一家服裝店掛著古樸的招牌，上面寫著：「Serendipity」。帶我熟悉環境的學長特別指著招牌驕傲地說：「只有劍橋這裡才會連服裝店都取那麼特別的名字，你知道這個字的意思嗎？」我沒有多加思索，回答：「找到意外寶藏的本事。」學長驚訝地問：「你怎麼知道？」我知道這個字的來源，是一個關於斯里蘭卡的神話故事，講三個王子出發探險，本來要找的東西沒找到，卻遇到了許多想都沒想到的好事。以前波斯人稱斯里蘭卡為「Serendip」，所以才衍生出了「serendipity」這個字。

學長更驚訝了，再問一次：「你怎麼會知道？」因為我讀西方科學發展史，好幾本書裡作者都用到了這個字。科學史上的進步，很少來自於事先預想的結果，常常是本來要找這個，卻意外發現了另外一個重要的新定理、新元素或前所未知的細菌。學長的結論是：「你的英語學得真好！」

不對，那時我的英語爛得很。跟學長逛完大街的第二天，我在學生餐廳裡買早餐，甚至不知道我買的東西叫什麼。鼓起勇氣問收銀小姐，她像是看到鬼般張大嘴巴不敢相信我的問題，半天才說：「It"s a muffin, just a muffin.」是的，我連 muffin 都不認得，也沒辦法順利講完一個合文法的句子跟同學聊天。

我的英語都是讀書學來的。我可以讀很難的書，卻沒辦法講很簡單的會話，因為我在台灣沒有上過會話課，幾乎沒花過任何時間練習會話。

不過，到美國兩個月後，生活上需要的基本會話，我快速適應了。為了方便活下去，我非學會不可。我和一位在台灣時就花了好多年時間上補習班學「美語」的朋友上同一門課，快樂地發現他能講的生活會話，我也都能講了。而我還比他多知道了許多平常會話絕對用不到的字，例如serendipity。

每一種語言文字系統中，最美好、最豐富的內容，都藏在平常會話用不到的地方。花力氣、費時間學會話卻不讀書，不從閱讀書籍中去接觸文字內涵，是件奇怪的選擇。怎麼會故意放棄豐富美好的，只要表層貧乏的內容？有那麼多美語補習班，每年做那麼大的生意，可是英文書市場在台灣卻小得可憐，怎麼會這樣？

「自己」學習，看到的風景才壯闊

日本小說家大江健三郎，以其古怪彆扭的日文著稱。他寫的日文裡，使用了太多外來的語彙、外語的語法，以致於使一般日本人在閱讀上，經常產生困擾。

「這是日文嗎？」一部分人這樣問。「他根本沒有能力寫『純正』的日文！」一些不喜歡大江的批評家這樣尖刻地斷言。

然而，在他們眼中連基本日文都寫不好的大江健三郎，卻繼川端康成之後，成為第二位獲得諾貝爾文學獎的日本人，日本雜誌訪問了大江作品的法文譯者，想當然爾地問：「是不是因為大江作品當中有許多法文成分，所以讓西方讀者比較容易接受？」那個法國人被問得一頭霧水，弄明白問題之後，斬釘截鐵地說：「不，大江的語言一點都不像法文，要把他的語言轉譯為法文，困難得很！」

大江健三郎自己在《如何造就小說家如我》書中提到，索因卡（Wole Soyinka）到日本訪問時，在和大江對談的會場上，翻譯耳機突然壞了，大江被迫改用英語和索因卡直接對話。事後，索因卡對大江說：「你的英語發音我聽得懂，可是你運用英語的方式，對我而言如此陌生。」

索因卡指的不是文法正不正確的問題，而是更深刻、更奇怪的東西。大江試圖要用英語表達的意念，是原來的英語裡並沒有的，或者說，是原本英語裡沒打算要那樣表達的。

反思這件人生插曲，大江獲得了一個結論：他花了那麼多時間學習外文，認真仔細閱讀英文、法文著作真正獲得的能力，卻不是跟人溝通。用英語、法語跟人家談話，對他仍然是件吃力的事，學習外文其實是「為了和自己溝通」。乍聽之下，多麼荒謬啊！和自己溝通，用母語不是最自然嗎？哪有人跟自己講外語的？更難想像有人會是為了對自己說話而去學習外語的了！

大江的意思是：其實我們每個人都有許多經驗與感覺，是無法用單一的、日常的語言捕捉、表達的。母語，正因為來得自然、正因為與日常生活緊密相連，所以適合表達日常正常事物，卻相對地很難恰當反映特別、非常的經驗與感受。然而，在生命中，不正是那些非常特別的經驗與感受，最適合、最值得被記錄、被轉述表達嗎？

學習非日常的外國語言，將自己置放在陌生語言環境裡，我們會比較有機會讓語言與真實感受相對應，更重要的，這些非日常的陌生語彙與語法，會持續幫我們開放身體與心靈上的敏感度，不至於在日常反覆中麻木、麻痺了。不斷受到陌生外語刺激，我們反而能夠傾聽到自己內在的複雜聲音，而且可以在這過程中持續訓練、開發自己的多元、多樣性。

這是一種極端的「為己之學」。就連學習外語，都可以不是為了拿來在外面跟別人應對，而是深藏在自我內裡影響自我成長為更豐富、更完整的人。

我們的外語，尤其是英語學習，幾乎完全都是「為人之學」的取徑。拿英語當工具、當外在的技能、技巧，問題是：投注那麼多資源、花下那麼多時間，教的、學的都與內在自我無關，這怎麼能算合理的安排呢？

放錯教學重點，只會使弱者愈弱、強者愈強

跟我這一代絕大部分的人一樣，我從國中一年級才開始接觸英文，在台灣學習的過程中，沒有上過補習班受過任何一天額外的聽、說訓練，這樣的經驗卻無礙於我申請進入美國哈佛大學當博士研究生，無礙於我在學校上課生活。

我用笨方法背單字，用笨方法學英文文法，這些笨方法最大的好處在——我可以自己抱著字典、抱著文法書自修。在嚴重缺乏資源的情況下，我還是可以努力學會閱讀英文，透過英文看見外面很大、很大的世界，那個廣闊世界刺激我更努力累積英文閱讀的能力。累積到一定程度，儘管沒有受過聽、說訓練，去到美國，腦袋裡充分的字彙與句子，加上環境的幫助，我很快就掌握了所需的英語

能力。

這樣的經驗，讓我有理由反對以聽、說做為英語學習的重點。我無法掩藏對這種「重聽說、輕讀寫」潮流高度的懷疑，乃至厭惡。很簡單，聽、說教育必須依賴老師，依賴外在環境；重聽說的教育，必然助長在英語教學上的貧富差距、城鄉差距。

有錢人的小孩、都會環境下的小孩，有比較多的機會在不自然的人為英語環境學聽、學說。有人講給他們聽，還有人陪他們說。別說鄉下，教育資源稍微差一點地方的小孩，有可能公平得到這樣的機會嗎？就算他們有心願意上進，就算老師有心願意幫忙，到哪裡去找資源讓他們聽英語、說英語？講明白了吧，强調聽、說的英語教育，是最不公平的教育，是剝奪許多小孩繼續學英語的教育，是逼迫許多小孩早早放棄學英語的教育。

如果當年處在强調聽、說的教育環境裡，我就是一個不可能繼續學英語的人。不管我怎麼努力，我的英文成績一定很爛，永遠不可能跟有資源去補習的人競爭，我絕對無法維持學英文的動力。

社會上的不平等，已經創造了一大堆英語補習班，創造了一大堆學英語的怪現狀，照理講，政府的教育政策重點，應該放在如何補救不平等，找出方法讓資源不足地區的小孩，可以盡量維持英語學習的成就感，不要輕易放棄。沒想到，政府政策竟然反其道而行，也要跟著强調聽、說，更加惡化不平等，看了真是令人憤怒！

强調聽說的英語教學政策，怎麼來的？政策形成過程中可曾考慮過社會效應？愈來愈多缺乏學習成就造成的中輟生，難道全是家庭和訓導人員的問題嗎？教育內容源頭如此脫節，不考慮社會現狀、不考慮教育體系現狀，對弱勢學生沒有一點點同情考量，訂這種內容的教授、官員都不必負責嗎？

關心教育權平等的朋友，大家一起來認真檢討不公平的教育設計規劃吧！

教育資源更應該留給學習落後者

有一個人叫做廖國豪，還記得嗎？二〇一〇年，他十七歲還沒有滿十八歲，已經是個黑道殺手，犯下了轟動社會的殺人案，逃亡多日後終於投案。對著媒體，他很冷靜、大方地指控：「台灣教育害了我！」教育害了廖國豪嗎？這個問題，有一部分根本不值得理會，完全不必討論；不過卻有另外一部分，讓人不能不想、不能不談，不能不愈想愈覺得沉重。

不必討論的部分，是教過廖國豪的老師，教得再差都沒有弄到他要去當殺手；台灣教育再爛，也絕對沒有爛到直接創造出無法無天、殺人不眨眼的殺手。個人行為不能如此方便便宜就賴給學校、賴給教育來承擔。

台灣教育不會、也不需為廖國豪殺人犯法的行為負責。不過，換另一個角度，如果我們看的是所謂「後段班」，學習成就較差的學生，許許多多像廖國豪一樣無法跟上學校課業，在學習上取得成就與自信的小孩，那麼台灣教育的確虧欠他們，而且有很深的虧欠。

「後段班」以前的說法叫「放牛班」，取「放牛吃草」的意思，也就是一旦進了這種班級，沒人管你、沒人理你，沒有任何教育資源會放進班上，讓學生自生自滅就是了。整個社會理所當然認為，好的老師要教好學生，老師的注意力該投注在好學生身上，協助好學生變得更好，幹嘛浪費時間與資源在比較差、比較壞的學生身上？

習以為常，也就不會察知這種態度上巨大的矛盾。好學生和壞學生誰比較需要協助？好學生應付課業沒有問題，為什麼還要老師多花力氣管他們、教他們？好學生之所以好，往往就是因為他們自我學習的能力或習慣比較好，有本事自己自主自發學習的學生，為什麼反而要老師管那麼多？

現在有芬蘭的例子，我們總算可以把這矛盾看得清楚些。芬蘭打造出全世界有名、整體學習成就最高的教育體系，靠的就是和我們完全相反的教育資源分配原則。學習成就愈差的，愈需要老師關注教導；學習成就高的，他們獲得的最寶貴獎勵則是——學習自由。成績好的學生，證明了他們可以自我學習，老師就不用太理他們，他們可以依自己的興趣、用自己的步調去學習。他們學習能力强，老師的用心教導常常只是牽制、干擾他們的學習發展罷了！不必管好學生，老師就可以專心幫助「後段」學生。看到「前段」的例子，「後段」學生也就明白，若是能證明自己的學習紀律與成果，一樣可以取得自主自由，那會是驅動他們學習的最大動力。如此一來，不論原本在「前段」或「後段」的學生，就都能在過程中擴充其自我學習的能力，一個大家都有能力、並熱中自我學習的社會，怎麼可能缺乏競爭力？

台灣的情況，徹底相反。在台灣，「後段班」早早被「放牛吃草」了，得不到一點資源、沒有任何協助，當然成長受挫，在能力與人格上都無法健全。那「前段班」呢？也沒好到哪裡去。老師管得太多，本來可以向前衝的進度被拖住了，本來可以享受的興趣被打消了，什麼都要聽老師的，什麼都要滿足考試要求的，久而久之，獨特能力也必然變平庸了。

這樣的教育安排真的有問題，照說不必等到廖國豪說那樣的話，早就該檢討、改革了。

教育政策不當，助長貧富差距

全美國收入最低的四分之一家戶，他們的孩子進入競爭最激烈的一百四十六所大學的比率，是三%。相對地，收入最高的四分之一家戶，有七四%的孩子進入這一百四十六所大學。

過去十年內，美國的高中畢業生，單純因為經濟考量，以至於無法進入大學，或從大學休、退學的學生，高達兩百五十萬人。絕大部分美國大學都提供補助獎學金，然而出於競爭的理由，獎學金往往不是給真正家境清寒的孩子。一個中產以上的學生，展現出優異的學業潛力，很可能會有好幾家努力想要提升或維持自身排名的大學，提供全額學費，甚至住宿、生活補助來爭取他入學。因而整體而言，全美收入前四分之一家戶孩子獲得大學獎學金的機會，和最後四分之一家戶孩子獲得大學獎學金的機會，幾乎相同。

但絕對不同的是，就算沒有獎學金，中產以上家戶原本就有能力讓孩子上好大學；沒有獎學金，中產以下的家戶就只能叫小孩放棄上大學的想法。

這些數據資料，清楚顯示出美國高等教育的嚴重問題，尤其是在受教權上明顯的不平等。那麼讓我們試著這樣問：在高等教育受教機會公平議題上，台灣和美國比較，是不是好一點呢？

抱歉，真實的情況是，我們無法回答這個問題。因為台灣根本就不存在可以拿來和美國數據資料比對的基礎。從主管機關、學院研究到社會公益智庫和媒體，台灣沒有任何地方可以提供我們可信的數據資料。就連一個關係到教育資源分配，又很容易調查的數據——台灣私立大學和公立大學學生的家庭收入背景比對，我們都找不到。

台灣政府長期投入公共資源培養精英公立大學，透過甄試和考試，往往是原本就有較佳社經地位家庭的子弟，有比較好的準備，也就有比較高的機會進入這些精英公立大學。結果他們就可以付較低的學費，分配到較多、較好的教育資源。那些原本就比較匱乏、沒辦法讓子女上補習班及提供甄試協助的家庭，結果反而要承擔較為昂貴的私立大學學費。這是從制度面我們得到的印象。關鍵在：

證據呢？沒有人能提供明確的證據來證明或否認這樣的印象，於是討論就都只能是空話。我們的媒體只會花大篇幅報導哪個高中生要出國，哪個高中生考最高分，哪個高中又有最多畢業生考上台大，或各大學系所排名如何變動。竟然沒有一家媒體願意多分一點力氣關心社會公平、教育提供的階層流動機會問題，真是匪夷所思。竟然教育部可以長期不用提供這方面的資料，不用訂定相關的調整、補救政策，也都沒關係，更是令人匪夷所思。

堅持公平、多元，才能激發學生的創造力

記得這條四年前的新聞嗎？清華大學有一萬兩千名學生，其中竟然沒有一個來自「八八水災」的災區。

這件事實，讓人聞之驚心，不過至少當時清大校方有了警覺，認為應該有所

檢討：為什麼這些偏遠、弱勢區域的學生進不了清大？而且認為應該在檢討之後做些什麼樣的改變措施。

相對之下，更讓人擔憂的是：那台大呢？政大呢？要不要猜猜看又有多少來自災區的學生就讀台大、政大？為什麼清大這樣的檢討反省，連在水災新聞熱潮中，都沒有引起其他大學連鎖、連環的反應：好像台大、政大跟這個議題一點關係都沒有。

或許，在這些「精英」學校的高層管理者心中，真的不覺得有沒有來自災區的學生，一點都不重要？是的，如果依照台大一心一意要爭世界大學排名的目標上來看，管什麼災區不災區？有或沒有來自災區的學生，難道會影響台大在各種「國際排行榜」上的排名嗎？再放寬一點看：台大的學生從哪裡來，具備怎樣的背景，反正在排名上無關緊要，也就在台大校方眼中無關緊要了！

但，真的無關緊要嗎？一所大學招收到的學生，同質性愈來愈高，會對學校的品質沒有影響？學生互動中缺乏異質元素的刺激，沒有不同價值激發討論辯論，對學生的成長以及日後在社會、職場上發展，會是件好事嗎？大家價值相類似，沒有討論、辯論，沒有不同角度的看法與思考，這樣的大學要成為有原創研究能力的「一流大學」，可能嗎？

美國長春藤名校，排名一定比台大高，無庸置疑。台大校方要不要做點簡單的調查，看看這些學校過去幾十年來，在「校園多元性」上費了多大工夫，花了多少人力、物力？要不要看一下這些學校的學生基本資料，分析一下他們的分布原則？要不要再比對一下自己學生的情況，看這中間有多大的差距？

當然，美國長春藤盟校致力於多收女生、多收少數族裔、多收來自偏遠地區的學生，有一部分是感受到了社會壓力。這些社會壓力怎麼來的？來自對於大學應當擔負一定社會責任的共識認知，來自對於大學不能罔顧社會公平性，自己關起門來做貴族象牙塔的强烈要求！

別忘了，這些名校都是私立學校，盈虧自負，他們都還感受到這麼大的社會壓力，必須做些保持社會多元與公平的措施，那麼為什麼台灣這些公立大學，靠公家預算打造出來的學校，卻可以完全不感受任何壓力？

這沒有道理，完全沒有道理。國家應該要有高等教育的政策，明確地以教育資源公平分配做為重點，怎麼可以坐視台大學生日益同質化，都是都會區父母有足夠財力送小孩長期補習的家庭子弟才進得去？

更不可思議的，主其事者心中完全沒有對社會公平責任感，盲目地追求空洞、抽象，可以量化的「卓越」，卻沒有任何外在政治或社會力量可以約束之、制衡之？

很明顯的，災區的災，不只來自於大自然風雨的力量，更有社會人為的漠視、忽視，在他們成為「八八水災」的災區之前，已經先成為教育上的災區。誰來幫助他們擺脫「教育災區」的噩運呢？

四年之後，經歷一位中央大學轉任的教育部長，又接一位政治大學轉任的教育部長，我們的「卓越」、「頂尖」大學，有希望變得公平些、多元些，並因而有創造力些？

數字是教育政策的參考，而非依據

不可逆的趨勢，是少子化造成學童人數減少，原本的學校分布結構不符現實狀況，大部分學校都要面對學生愈來愈少的問題，廢校、併校的措施未來幾年會愈來愈普遍。

學校總體規模縮減，很簡單、很自然的一種想法，就用數字為準，學童人數少到一個程度就減班，再少到一個程度就併校，再減到最低限度，那就只好廢校了。這種數字分段門檻的規畫，表面看似合理公平，骨子裡卻必然隱藏了最大的不公平與不平衡。

都會地區人口集中，學童數下降頂多造成減班，不太會有廢校危險。就算必須整合，重新安排學區，學區也不至於太過遼闊，造成學童上學不便，更何況都會區家長的自家交通條件與公共運輸資源都很容易可以協助小孩順利上學。

愈是偏遠地區，學校的相隔距離愈遠，少掉一個學校就會造成一個村莊部落小孩無學可上。不管是安排長程通車，或小小年紀就必須離家住宿，對已經不足的家庭資源更是一大負擔，也都構成實質上促使孩童輟學、失學的強烈動因。

在今天這樣的社會上，弱勢家庭的小孩，如果還被剝奪了受教的權力與機會，他們要怎樣向上流動，擺脱貧困？擁有基本知識、學習能力、專業技術，是現階段社會就業的根本標準，知識與技能是一個人養活自己、進而追求成就的基礎。

教育不同於其他公共資源，必須擔負起平衡社會機會的責任，因而教育資源的分配，不能簡單地按地理面積、人口多寡來處理，教育資源的第一條不可違背的分配原則，就是「一個都不能少」。任何一個國民，不管他住得多遠、家境多清寒，都應該納入教育網絡中，不可以偏遠、清寒為由予以遺漏。

教育資源分配的第二條大原則是，愈弱勢、愈貧乏的地區，應該獲得愈多的重視。教育的目標要提供所有人具體同等質量的教育機會，在家庭、社區都無法協助的情況下，政府就必須承擔起所有開支。相對地，家庭、社區有餘裕投注教育資源，政府自然可以不必那麼幫忙。

這樣的分配，不只是為了實現正義理念，讓貧者不至於陷落無助，同時還是增加社會安全穩定不可或缺的手段。教育可以讓弱勢、清貧家庭子弟獲得信心、健康地加入社會就業體系，自立自强提升地位。藉由教育的調節，社會流動管道才會順暢。

社會上必定會有貧富高下差異，可是貧富高下的差異如果拉得太大，就隱伏了巨大不安騷動的集體情緒。更糟糕的是，如果大家認定貧富高下差異不會變動，富者恆富、貧者恆貧，不只這一代看不到改變，下一代也沒有改變希望，那麼累積的不滿情緒就更强烈、更難控制預測了。

我們真的不怕失去流動希望的下一代，為了自己的生存發展權利必須訴諸動亂革命手段嗎？

第5課——獨立判斷：教改的「本」與「末」

最需要改革的是家長的態度

如果「文化」指的是一群人生活的基本價值與態度，而「革命」指稱短時間內巨大而快速的變化，那麼從一九八七年到現在，台灣的的確確經歷了一場「文化大革命」。二十多年間，台灣的每個領域都改頭換面，變出了很不一樣的性格。

而這場「文化大革命」的源頭，必然要追溯到一九八七年政治上的關鍵決定。那年七月十五日，「戒嚴令」正式解除，台灣告別戒嚴與威權時代；從那點開始，整個社會轉了一個彎，朝著過去無法想像的方向奔去。

「文化大革命」最根本的變化，就在時間與速度感。一九八七年解嚴之前，蔣經國先是石破天驚地說出了其「本土化」政策最難以突破的話——「我也是台灣人」，又說出了解體台灣戒嚴體制最關鍵的話——「蔣家人未來不能、也不會再當總統。」如此一來，也就等於正式道出蔣介石帶來的「反共復國」政權合法性結束，以台灣為「反攻基地」，期待重回中國大陸的漫長等待，也終於一併結束。

在漫長等待中被凍結的時間復活了，而且開始加溫活躍。台灣上上下下很快就進入了一種「變化補課」的焦躁中，希望看到舊的趕快過去，新的趕快到來。

這樣的時間與價值翻轉，延續了二十年。二十年前被視為核心價值的「安定」、「穩定」、「經驗」、「老成」，在過程中一一被推翻、打倒，換成了相反的東西。

變化當道、顛覆當道、年輕當道，甚至混亂當道。國民黨視為統治命脈的「大中國秩序」一旦崩解，不只是「大中國」被「台灣」、「本土」取代，就連「秩序」也被「無秩序」給取代了。

這二十多年中，主流觀念、主流看法，不只要凸顯台灣，而且進一步要用「混亂」來定義「台灣生命力」。台灣之所以為台灣，正就在於台灣不受任何規範約束，台灣人以打破規範約束的活力，創造了自己的奇蹟。

與此相應的文化價值翻轉，當然就是權威命令退位，自由創意站上至高位置，這種趨勢在教育領域表現得最清楚。短短幾年內，不只是原本校園中人人見而生畏，代表國家管訓力量的教官，變成人人喊打的過街老鼠，就連單一版本的課本，也成為被改革的主要對象。

「教改」追求什麼？追求鬆綁、追求啓發、追求多元、追求解放小孩的創造力，不再用教育機制來形塑學生。「教改」中的種種措施，包括小班、小校、九年一貫、特色教育、多元入學和一綱多本等，都是這種精神下產生的考量。

然而，也正是在教育領域，讓我們看到這種文化價值革命中，出現的扭曲與矛盾。被壓抑的「變化價值」一旦獲得了解放，很容易就產生了一種「萬事可變」的樂觀錯覺，而且急於立刻讓變化、鬆綁上路，一刻不能等待。

教育改革的理念，當然值得尊重，然而，推動「教改」的過程，卻失去了停下來思考、規劃什麼是短期可變、什麼是必須長期等待才變得了的，也就失去了一種「建築式」的文化視野——分別基礎架構與上層現象，探究先需要打什麼樣的地基，築怎樣的一樓，才能繼續蓋怎樣的二樓，最後才會有怎樣的屋頂。

「教改」完全忽略了最難改、最根本的東西——家長的態度。只要家長一天繼續抱持單線競爭的心態，我就是要我的小孩排第一名，上最好的學校，得到最高的學歷，那麼不管教育制度本身、教材內容如何改，都不可能讓教育從惡性競爭裡解脱出來，走向多元開創。

教改產生的「實驗性危機」，很早就顯現了。然而，因為危機是以一片混亂狀態呈現出來，在後解嚴的文化氣氛下，很容易就被忽略了，大家覺得混亂至少比以前的强制好，相信混亂是過渡的必然。

有中心思想，才知「可為」與「不可為」

這二十多年文化價值革命，正包含了强烈的「容忍過渡的態度」，因為衝擊變化的力量是突然間爆發出來的，其背後推動的主要慾望是變化，而不是朝什麼地方、什麼目的變化，於是產生了兩種效果。

一是大家沒有時間、沒有耐心先討論，到底變化要在什麼樣的終極原則下進行？變化要把我們帶到哪裡去？二是就算變化明白帶來負面、痛苦、讓人驚惶的代價，一般人也都願意相信，這只是過渡到下一個美好世界的中途代價而已。

「容忍過渡的態度」給了這二十多年的台灣社會，一種奇幻、甚至虛幻的樂觀。過渡意識與過渡期待，讓台灣人民面對政治、經濟、社會上各式各樣挫折，都不容易醞釀成不可忍耐的不滿情緒，願意再等待未來。

然而，樂觀畢竟是虛幻的，因為現實究竟要過渡到哪裡去？容忍是為了等待怎樣的未來？在這個社會是沒有答案的；久而久之，甚至被認為是不需要有答案的。

於是我們就看到這波新文化價值中的弔詭。一個弔詭是，自由自主成了核心價值，但在不受壓抑、不受束縛的環境下，卻開展了台灣近代歷史中，想像力最貧乏的一段時光。

過去，想像力一貫以對應現實秩序的形式出現，對現實拘執的難以忍耐，刺激出了搜尋另類可能秩序的想像。不管想像汲取的資源是民主自由，是美式青年嬉皮運動，或中華民族主義，也不管那想像中的未來在威權體制下付諸實現的機率有多低，對於未來的積極想像，從未中止過。

然而解嚴之後沒多久，源遠流長的想像傳統，突然中斷消失了。沒有了具備壓迫的秩序答案，台灣社會也就失去了探索秩序安排應然課題的動力，自由自主帶來的不是百花齊放的想像力競逐，反而是想像力的消沉與寂寥。

另外一個弔詭是：掃除了阻礙民主的最大障礙——威權體制，民主非但沒有因而順利成長，民主形式竟然反過來變成讓民主能夠在台灣生根的最大敵對勢力。

正因為在那爆發出的價值大變革中，沒有時間討論、確認民主的長遠目的，也不曾真正建構出民主理想圖像，很快地民主在台灣，就只能用形式意義來予以衡量。的確，短短幾年內，台灣快速建立了民主形式，投票、普選、代議政治乃至於頻繁的民調，可是民主形式本身成了目的，至於如何運作民主、使用民主形式的規範討論，卻付諸闕如。

民主形式上綱為目的，而非手段，讓人錯覺以為就連民主操作的規範都可以用民主數人頭方式決定。這是錯誤的根源，也是導向民主無秩序的主因。為了讓民主制度成為有效的工具，幫我們實踐更公平正義、更豐富豐饒的理想目的，民主運作中的一些基本前提，是不能商量，更不能打折扣的。

例如，民主必須站在承諾誠信的道德律則之上，這不該是可商量的。不是說連我有沒有說謊、背信的權利，都可以訴諸選票公決。投票可以決定政客不守誠信也沒關係，這樣違背前提的投票，根本不是民主。

然而在勇於破壞既有秩序，卻又懶於思考新原則的台灣，不受節制的民主形式，竟然就被順理成章接受為民主運作的法則，開放了政治權力上眾多光怪陸離的玩弄，進而用選票來決定一切的做法，破壞、摧毀了許多其實與民主無關、與多數無關的人文與文明律則。

二十多年革命，留下一種不斷變化，無法、也不願停止變化，卻不曉得、也不在意要變成什麼的奇特文化態度。二十多年革命，更進一步將讓原則共識重新建立起來的條件，愈來愈薄弱。不知道要去哪裡，就不可能檢驗、檢討自己走的方向對不對，更無從衡量走了多少路程，相應地，當然也就沒有辦法衡量，社會集體資源分配運用合不合理，算不出分配運用的效率，於是必然在過程中捲入大量、巨觀的浪費了！

要改革的不是考試方法，而是思維

如果選舉投票不是在年底，而是在七、八月，會發生什麼事？一件可能會發生，且幾乎必然會發生的事是：執政黨會失去許多考生家長的選票！

多年來習慣支持國民黨從未動搖過的朋友，在兒子經歷過了第一屆十二年國教的考試、分發後，兩夫妻猛搖頭，異口同聲說：「這票投不下去了！真的投不下去了！」如果這幾天投票，他們真的不會把票投給國民黨，百分之百確定。當然，事實上離大選投票還有很長一段時間，到了那時候，忘卻了這段目睹、親歷兒子考試、分發的經驗，換成其他政治議題的考量，或許他們還會回頭支持國民黨吧？

正因為這樣，教育的問題不會進入選舉的核心考慮中；正因為這樣，已經糜爛到讓人憂心忡忡的教育情況，始終無法得到當政者的重視。我應該補一句：那位朋友的兒子，平常在學校考試都名列前茅，這樣的小孩，家長都覺得承受那麼大的壓力，那能有幾個家庭逃得過這種像是全家被剝了一層皮的感覺呢？

過去「教改」的失敗，竟然成了今天主政者對教育問題不負責任、最佳的避風港。「教改」成了髒字眼，好像讓主政者就可以不改革了，社會上家長們聞「教改」色變，也就不敢要求主政者應該改革。結果呢？我們就看到了極度荒謬、極度不合理的情況——大家都知道現在這套制度是「教改」改壞了的，但大家卻都忍耐這套制度，不敢說要改，讓壞制度維持下去，折磨所有的學生、家長，敗壞我們國家的人力資源前景。

「教改」失敗在於空有高蹈的理想，卻在落實過程中製造了反效果。今天的政府於是就反其道而行，幾年來從來沒有給過任何教育理念，只管技術、技巧，而且還不是教學的技術、技巧，是考試的技術、技巧。幾年來教育部想的、管的，都只是「怎麼考試」，而不是「如何教育」。

竟然就連「十二年國教」這樣的重大政策，都沒有理想，沒有理念。四十多年前，「九年國教」的推動，那是多麼了不起的國家建設願景，要讓所有人不分貧賤都具備根本的現代公民素質；四十多年後，「十二年國教」卻連教育部長自己都不曉得延長這三年，究竟有什麼樣的社會與文明意義？

教育部關心的，只有如何一方面讓大家都有高中唸，一方面又能保留明星學校；教育部拿得出的方法，只有到時候要用什麼考試方法決定誰進明星學校。「十二年國教」沒有更高層次的目標值得教育部追求嗎？退一萬步，就連決定學生如何就學，只有考試、排名、比分數這種方式嗎？

這樣的方案，連內閣中頭腦比較清楚的朱敬一都說服不了，逼得他破壞工作倫理，早早跳出來在報上寫文章表達反對意見，那又要怎樣說服眾多家長，讓受到影響的下一代理解呢？

考試不退場，十二年國教難以落實

我小的時候，家住晴光市場附近，念的是林森北路上的新興國中。我們學校最大的對頭學校，是位於長春路的大同國中。

沒有人說得清楚冤仇怎麼結下的，只知道新興國中混混型的學生，在路上遇見了大同國中混混型的學生，一定彼此看不順眼，輕則彼此叫罵，重則互相幹架。從學長傳學弟，成了慣例。

大同國中的前身，是大同初中，那可是還有初中聯考時的台北名校。自從建國中學不再招收初中生後，大部分台北考生都會選擇大同初中做為聯考的第一志願。這樣的名校地位，到了九年義務教育取消初中聯考，有了重大變化。到我上國中時，經過了大約六年的時間吧。

才短短六年，大同國中已經沒有過去的光環了。新興國中是個因應九年義務教育才成立的新學校，但我們的升學率和大同國中相差不大，學校的風氣沒有比大同國中差（當然也沒有比較好），就是因為這樣，兩所學校才會變成世仇，一年又一年在街上打來打去。

如果大同國中的往事有點借鑑作用的話，那麼我們可以明白，名校之所以成為名校，主要不是校舍好、校長好、甚至不是老師好，而是因為學生經過嚴格篩選。如果沒有那樣的篩選機制，名校無從維持原有的教育地位與教育成就。

十二年國教實施後，將來建中、北一女會如何？它們會不會經歷大同初中經歷過的變化，變得和其他高中愈來愈像？到現在，雖然第一、二屆的十二年國教高中生入學了，還是沒有人知道。

因為沒有人知道未來建中、北一女要如何招生，會收進哪些學生。從一開始，訂定十二年國教政策的人，腦袋裡就只有空洞的數字比例，百分之多少的人用什麼方式、在第幾階段選擇高中。接著，再就這個數字比例調整考試方法（雖然表面上反諷地稱為「免試」）。

這就是我們教育政策一貫的模式，想的都是抽象的數字，而不是一個個具體的學生，一段段具體的人生。這種模式過去累積了多少失敗經驗，我們有什麼理由期待同樣模式做出來的十二年國教政策會成功呢？

教品德，先教會孩子正確面對網路、媒體

大江健三郎重要的小說傑作之一，中文書名翻譯為《換取的孩子》，日文原文裡大江用的是外來語——Changeling。比較簡單理解的譯法，是「被掉包的孩子」，背景來自小孩長到某個年紀，會突然性情大變，從乖巧的寶貝一變變成令人頭痛的青少年，以前歐洲人因應這種現象而有了Changeling的說法，認為有森林裡的妖怪、精靈惡作劇，將孩子掉包了。表面看起來一樣的小孩，其實已經不是本來那個孩子了，好的、乖的孩子被拐走了，換一個壞的、皮的來折磨父母。

現代沒有人再相信「掉包」的故事了，然而，懷疑孩子好像被掉包的感覺，

卻不可能真正消失。很長一段時間，把小孩送去上學，小孩很快就會以像是「被掉包」的模樣出現在父母面前。因為學校裡教的東西，跟家裡相信的差很多！

小孩很快從學校學會注音符號、標準國語，回過頭來不滿挑剔父母充滿各種口音的語言。小孩學會了忠黨愛國，視父母對政府有所批評的態度如毒蛇猛獸，也學會了一套正統的歷史說法，其中許多跟父母以前所學，乃至於跟父母親歷的記憶矛盾衝突。這樣的差別下，怎能不起衝突？

家庭的價值與學校的價值，存在著巨大的差異，而學校、老師背後有政治權力的支撐，顯然影響力會大過家庭。不能不把小孩送去學校，然而小孩上了學，幾乎就注定要被「掉包」，從學校、老師那裡學來不一樣的東西，變成跟父母很不一樣的人。

那個時代，學校的權威、學校的教育效果遠超過家庭。不過，時移事往，風水輪流轉，轉來轉去，學校教育的地位，逐漸下降，慢慢失去了決定性的影響。學校下降，倒也不是家庭重新取得優勢，而是家庭、學校同時失去了對於孩子的掌握。對父母和對老師來說，愈來愈多小孩都像是「被掉包」的了，明明沒有那樣教，他們為什麼變成那樣呢？

因為有同儕，有電玩，有網路，有電視，有媒體，這些取代了家庭和學校，成為小孩主要生命價值的來源。面對這些更大的力量，學校只好加入家庭的行列，覺得無奈、無力，眼睜睜看小孩「被掉包」。

家庭、學校的影響力愈來愈少，然而，責任卻不可能相應降低。因為那些把孩子「掉包」的力量，是不會明確被找到，來替孩子們的行為負責。孩子們飆車、砍人、殺人，或者缺乏能力，找不到工作，人家要找的還是家長，要質疑的還是學校教育出了什麼問題。

所以「品德」的培養，還是得放到學校裡來進行。然而，很多可以主宰學校經費的人，從校長到家長會會長、議員、議長，乃至局長、市長，各個自己的品德修養都很有問題，請問這樣在學校裡教「品德」，我們能有多大期待呢？

在教「品德」之前，其實更重要的是先給小孩扎實的資訊教育，讓他們清楚、明瞭環繞他們的資訊世界，究竟是怎麼形成的，這些資訊又用什麼樣的方式，實質在控制他們，提供他們選擇思考——「我要這樣被各種資訊控制嗎？」

這是當前孩子們最需要的知識。

沒有這種資訊教育，先把孩子從被外界訊息控制的情況下拉回來，學校、家庭根本就影響不了孩子，出了事、出了問題，再怎麼罵家長，再怎麼想在學校體系裡提倡這個，提倡那個，能有什麼用呢？

考試考不出品德、品質與品味

品德、品質、品味，是台灣社會目前急切需要的，也是台灣教育目前教得不是那麼好的部分。

品德、品質、品味怎麼會在台灣匱乏缺貨？一個重要的原因就在：這三樣東西很難教，尤其很難用台灣習慣的方式來教。品德、品質、品味，跟「品」有關的，都牽涉到生命內在自發的力量，不是可以從外面强加的。不同於一般的知識，品德、品質、品味，無法化約成簡單的標準答案，也就無法用考試的方法來訓練。

品德是人內在的自我行為標準、約束，最終是人活著的基本自尊來源，而不是關於法律、校規或道德教訓的知識背誦。一個人大可以記熟所有的道德規約，甚至可以對別人大言炎炎地宣傳，然而，自己的實際行為卻和所言南轅北轍，我們看過太多這種人了，這種人絕對不是有品德的人。

同樣地，人的品質與品味，也都必須根植於自身真實的感受與信念。背熟畢卡索的生平，能夠辨識梵谷每一幅畫，但如果對那些作品沒有具體的感動，品味還是無法提高。沒有品味，自然也就不可能去追求品質，連什麼好、什麼不好，為什麼好、為什麼不好都無法辨認的人，你要叫他如何重視品質呢？

換句話說，認出了病在那裡，但有效的藥卻沒那麼容易找到。品德、品質、品味要如何在教育中落實？在一套仍然是以考試做為主要教育動機、手段的系統裡，沒有標準答案、無法考試的內容要如何被執行？作文比賽、演講比賽、教室或禮堂的反覆訓話，這些傳統手段早已被證明是無效的，而且在形式主義中還會產生許多副作用。

尤其麻煩的，如果管教育的教育部自身都看不出來執行品德、品質、品味教育的活動本身缺乏品質與品味，我們要怎樣信任他們能做好品質和品味教育計畫呢？在找藝術家進校園之前，恐怕藝術家得先進到教育部，教主其事的人什麼是美學、什麼是美學品味吧！

霸凌不是法治問題，是內在出了問題

有一次一位到過中國的美國朋友和我說：「他最看不慣的是中國的虐待家畜。」他曾經看過趕馬車的人，在馬已經滑倒在路上時，還拚命用鞭子打他的馬。這是在我們任何地方都看得到的事實。趕馬的人從沒有感覺到馬也會痛的，至少他認為，馬痛不痛和他無關。其實這種不願擴大自己感覺的根性，何嘗只限於人獸之間。

在我們的生活中，何嘗會因別人的痛苦而發生不舒服的同情呢？我們鄉下凡是逢到有槍斃或甚至殺頭的盛典時，刑場上會擠滿了人看熱鬧，我雖不知道看熱鬧得到些什麼滿足，可是在別人的頭落地時，從來沒有人摸摸自己的頭。人己之間有著這麼大的距離，真可使人驚駭。

這兩段話，寫在費孝通一本叫做《初訪美國》的小書裡。第二次世界大戰後期，費孝通去了美國居住將近一年，將對美國的觀察記錄下來。那樣的觀察，當然主要是比較性的，用他所熟悉的中國社會景況做為對照，顯現他看到的美國社會特色。

書中的一章，討論的是美國人的宗教信仰。在費孝通的理解中，美國人信耶穌基督，而「耶穌基督所象徵的是一門無限的捨己為人。他為殘殺他的人求饒赦，不講報復，因為他把自己擴大到了整個人類，甚至包括殘殺他的人。」正是對照耶穌基督近乎無限的同情擴大，讓費孝通感慨中國社會相反的現象，一切以自我為中心，沒有普遍的同理感受，也沒有普遍的原則。

同樣一種行為，在某人身上我們可以恨，可是若在另一人身上，我們就可以不恨，甚至於愛。我們可以罵某人作弊，可是若自己父親作弊，我們還是向他要作弊得來的錢，不再恨這種行為了；輪到自己作弊時，我們甚至於覺得自己能幹和聰明。這是以自己做中心來衡定價值的方式，只有利害，沒有是非。

「人己之間有著這麼大的距離，真可使人驚駭。」這句話，確切地講到了台灣今天校園霸凌事件的核心要點。對於這些學生的行為，有人問：「他們不知道那是犯法的嗎？」就連管教育政策的教育部想的也是如何立法來防範，真是皮毛之見。關鍵怎麼會是在：「難道他們不知道這是犯法的嗎？」應該在：「他們不知道被欺負的人的感覺嗎？」

霸凌行為可怕、可惡，來自於欺負人的人覺得這種事「好玩」或「好笑」，覺得這是值得拿來炫燿的事。別人的痛苦非但與他無關，甚至還成了他樂趣的來源。這比費孝通筆下拚命用鞭子打馬的人，更糟糕得多。教育的主要目的之一，不就是要讓受教育的人培養出理解別人感受的同理心嗎？我們的教育在這方面徹底失敗，還是我們的教育根本從來就沒有重視、關切過這項目標，所以正在為了如此的疏忽付出代價？

對世界失去好奇能力的台灣精英

過去十年間，教育問題每隔一段時間就會上新聞，而且好像頻率愈來愈密。博、碩士過剩找不到工作的事，每隔一段時間就上新聞，大學生上課睡覺、吃東西的事，也每隔一段時間就上新聞。老實說，這都不是真正的新聞，誰不知道台灣有太多大學生怕畢業找不到工作，又拚命考碩、博士，相應出現太多博、碩士生的畸型現象？誰不知道台灣的大學生不愛上課，上課秩序不良？不是新聞卻堂而皇之占據新聞版面，因為從事新聞的人心裡明白：這種話題有人關心，而且有很多人關心，所以就會有閱報率、會有收視率。

這中間有一層深切的悲哀。冰凍三尺，非一日之寒，早知道問題在那裡，也早有人關心、擔心，我們卻眼睜睜地坐視問題形成、惡化，引起更多人關心、擔心，變成熱門話題。

新聞話題引來的反應是什麼？記得嗎？當時洪蘭批評台大醫學系學生上課吃東西，台大醫學院表示：學生缺乏秩序，對老師不懂禮貌，所以應該規劃「禮儀課」，而且要邀請一流名師來教，讓學生懂「禮儀」。

這是標準的巴伐洛夫制約反應，太直接，也太便宜了吧？學生沒禮貌，不懂規矩，那就開課教他們禮貌、規矩啊！可是我們現在談的，不正是學生不愛上課、不用心上課嗎？不愛上課，所以叫他們多上一門課，教他們愛上課？這邏輯通嗎？如果請到「名師」，就能讓學生願意上禮儀課，那幹嘛這樣拐彎抹角，直接請「名師」去上學生散漫的課，不就好了？

另外有一個反應引人省思。有其他學者在報上投書說：「洪蘭會看到那種散漫狀況，因為那是學生心目中『不重要』的課，如果是醫學系學生認為『重要』的課，上課狀況就會好多了。」

真是這樣嗎？真是如此，那麼問題就不在或不只在上課態度、上課秩序，更在於學生到底怎麼認定什麼樣的課「重要」，什麼樣的課「不重要」？醫學系其實最明顯，所謂「重要」的課，都是跟未來職業前途有關的。病理學應該「重要」，解剖學應該「重要」，藥理學也許「重要」，而醫學倫理就一定「不重要」。

恐怖的就不只是課堂上的秩序，而是學生對課程狹隘的評斷與選擇了。愈是自認「精英」的學生，在這個社會上非但沒有愈大的發展揮灑空間，反而愈是狹隘、封閉，認定了一條路，死命往前鑽，卻不肯打開眼睛看看四周的風光模樣。電機、資工的學生一心一意就是要有本事進高科技大廠，醫學系學生一心一意就是要靠當醫生賺錢。在這狹隘、僵固目標之外的，就都「不重要」，都冷漠、散漫以對。

這些學生、這些孩子，只有二十歲，他們卻自以為世界就只剩那麼一丁點大的範圍值得他們注意。在好奇心與對世界的探索冒險精神上，他們竟已經是早衰的老人了！

什麼樣的教育，會教出這麼多早衰的老人，並以他們為「精英」，我們還真不能不關心呢！

第6課——發展專業：高等教育必須提供多元思維

校風自由，更能造就創新人才

美國麻州劍橋市小小的地方，卻有兩所全世界知名的高等學府——哈佛大學和麻省理工學院。麻省理工學院緊鄰著查爾斯河，從學校要到附近的大城波士頓，必須過橋。聯絡麻省理工學院和波士頓最主要的橋梁，叫做「哈佛大橋」。這擺明是早在十七世紀就成立的哈佛大學，運用他們在劍橋市的龐大勢力，欺負晚到的麻省理工學院。麻省理工學院上上下下恨透了每天進出都需要經過「哈佛大橋」，長久以來多次要求重新命名這座橋，奈何勢力不如人，始終無法如願。

有一個麻省理工學院的學生，於是想了一種「收復大橋」的方法。他選了一天，糾集了幾位同學，重新測量「哈佛大橋」的長度。測量的工具是他自己的身體。一次又一次，他躺下來，從橋頭到橋尾，看看這座橋到底等於他身長的幾倍。測量過程中，就在橋上留下每一個身長單位的紀錄，最後宣布其結果。

於是這座橋有了全世界獨一無二的長度記錄，而且這種新創度量衡的做法，和「理工學院」的精神相呼應。很快地，他的身長紀錄變成了這座橋最大的特色、最值得一看的景觀。橋還是叫「哈佛」，但是人家走過「哈佛大橋」時，口裡傳頌的、心裡想起的，不會是「哈佛」，而是一個麻省理工學院學生新創度量衡的做法。

美國的大學生活中，很重要的一環是美式足球賽。麻省理工學院的美式足球隊很爛，就成為哈佛學生可以取笑這所名校的一大把柄。哈佛所屬的長春藤聯盟，每年都有熱鬧的美式足球對抗，尤其是哈佛對上耶魯比賽，那是兩所學校的大事。

有一年，耶魯大學美式足球隊到哈佛主場來比賽，球場上擠進了超過三萬觀衆，兩隊打得難解難分，上半場結束，中場休息了，球員要退場、啦啦隊要進場之際，突然在球場正中央響起爆炸聲，把大家嚇了一大跳，驚魂甫定，一看，球場裂開一個小洞，從裡面冉冉升起一顆氣球，氣球愈變愈大，上面寫著代表麻省理工學院的「MIT」三個大字。

麻省理工學院的學生漏夜潛入哈佛球場，埋伏了這項自己巧妙設計的開關，在那個場子裡成功搶走了哈佛、耶魯的鋒頭。還不只如此，過了兩年，耶魯足球隊又要到哈佛主場來比賽時，整個劍橋城，包括哈佛學生熱鬧討論的，不是兩隊實力强弱、可能的勝負局面，而是麻省理工學院的學生會不會又來攪局，會用什麼方式惡作劇，哈佛校方又採取了什麼措施來予以防範。

這些都是三十多年前的事了，但到今天哈佛與麻省理工學院學生之間，都還普遍流傳著。這些故事，非但無害於麻省理工學院的校譽，甚至還是許多第一流學生嚮往麻省理工學院的主要理由。他們從中間感受到一種活潑、不拘一格、容許創意的學風。真正優秀的學生，誰要去綁得死死，一切都追求正常，生怕你出格的大學念書呢？不能有和別人不一樣想法的地方，又怎麼可能塑造出像麻省理工學院這樣的成就與名聲呢？

卓越、傑出來自社會影響力，而非論文數字

「五四運動」最重要的旗手——陳獨秀創辦的《新青年》雜誌，在第六卷、第二期上，刊登了這樣一則啓事：

「近來外面的人往往把《新青年》和北京大學混為一談，因此發生種種無謂的謠言。現在我們特別聲明：《新青年》編輯和作文章的人雖然有幾個在大學做教員，但是這個雜誌完全是私人的組織，我們的議論完全歸我們自己負責。和北京大學毫不相干。此佈。」

會有此一「佈」，實在是因為從任何角度看，《新青年》和北大的關係，都極端密切。《新青年》的前身是在上海發行的《青年》雜誌，因為陳獨秀受聘為北京大學文科學長，才將編輯部從上海移到北京，然後吸引了許多北大師生參與

其中。到了第六卷，《新青年》由原本陳獨秀主編，改成由六個人輪流主編，除陳獨秀外，其他五人是錢玄同、高一涵、胡適、李大釗、沈尹默，六個人，統統都是北大教授！

《新青年》的確不是北京大學的機關報，北京大學不該為《新青年》的言論負責，這是事實。不過《新青年》的影響力，很大一部分來自於北大，許多讀者出於雜誌編者、作者是北大教授，尊重北大的心情，熱切地閱讀、進而支持《新青年》的言論。換另一個方向看，在那個時代，北大的影響力，也有很大一部分來自於《新青年》，透過《新青年》，很多人才知道這些大學教授們在想什麼，受到強烈刺激，感覺到：「啊，這些教授的主張果然不一樣！」

啓事無法切斷北京大學和《新青年》在這方面的連結。沒有北大的背景，不會有那樣的《新青年》；沒有《新青年》做為介入社會的管道，也就不會有那樣的北大。一九二〇年，陳獨秀將《新青年》編輯部搬回上海，中斷了和北大同仁間的密切互動，很快地《新青年》就面貌大變，也就不再能有過去的社會影響力，就是最清楚的證明。

沒有人能否認「五四」時期的北大，可以列名在人類歷史上最傑出、最卓越的大學上。那個北大並沒有驚人的預算費用可以花用，更不是將其傑出、卓越建立在論文數字上；那個北大是靠積極介入社會、認真吸收新知、提供社會特別寬廣的視野和特別深刻的分析，形塑其崇高地位的。

此一時、彼一時，經營大學的理念自然會有變化，不過人類經驗的底層畢竟不可能全無跨時代的普遍元素，讓我不能理解的是：為什麼在構想「卓越大學」時，竟然都不能給大學對社會的影響多留一點空間，為什麼可以全然不在乎大學與社會的互動因素，這樣的「卓越大學」放在人類歷史的大幅度標準下，能「卓越」到哪裡去？

是人才造就一流，不是硬體

為什麼台大要蓋那麼多房子？什麼時候台大才能夠停止不要再蓋房子了？台大是最早設有校園空間規劃機制的大學，理應完整保留過去二、三十年的校園建築資料，可不可以翻查一下，告訴我們：過去二十年內，甚至過去三十年內，台大校園中完全沒有建築工程在進行，完全沒有工地圍籬的時間有多少呢？我們的印象是：幾乎沒有。台大隨時都在擴建蓋房子，隨時都有工地，二十多年來一直蓋、一直蓋。

第一個問題：蓋那麼多房子幹什麼？校方提供的答案向來都是：老師們需要更多的研究室，系裡需要更多的實驗室，學生需要更多的教室。二十多年來增加了那麼多空間，為什麼都還不夠？真的是因為需求有那麼大，還是牽涉到分配的問題，這些空間到底都以什麼方式利用了，又都以什麼原則評估其效益呢？

第二個問題：花在蓋房子上的經費，不會排擠其他方面所需的投資嗎？沒有更好的方法，對學校、乃至於對社會更有益的方式來運用這些經費嗎？這些錢，有一部分是公家納稅人的錢，有一部分是台大自己去募來的。公家的錢，如果不給台大蓋房子，當然還有太多可能的用途。就算一定要給台大，為什麼不是讓台大學生能擁有更優秀、更稱職的教授，鼓勵教授寫出對社會更有影響、更有貢獻的書，而是拿去蓋房子呢？募來的錢，難道不能遵循歐美一流大學行之有年的慣例，優先用來成立「講座」，聘任學術成就卓越的教授，讓錢能夠在研究與教學上發揮直接作用，而不是透過蓋房子的間接手段呢？

說穿了，蓋那麼多房子，正因為台大嚴重缺乏真正鼓勵研究、教學的一套辦法，也無心去處理這種相對「抽象」的評斷問題，所以多年來就選擇了方便的途徑，反正有錢就蓋房子，蓋了「具象」的房子擺在那裡，不管對政府或對捐贈者都有交代。

然而，世界上哪個大學是靠蓋房子來提升的呢？大學真正最重要的資產，怎麼會是房子呢？資源統統擺放在「抽象」的教學與研究提升上，都遠遠不夠讓台大具備國際競爭力，卻還要拿一大部分經費花在無窮無盡地蓋房子，結果如何，可想而知吧！

這不是台大內部資源分配的家務事，牽涉到根本的社會承諾。台大總是信誓旦旦要追求成為國際一流大學，以此理由搜羅公共資源，但資源進了手裡，校方真正念茲在茲做的事，卻是和宣稱目標無關的不斷蓋房子，如此的言行不一，我們不該在意、不該追究嗎？

莫忘批判是知識份子的義務

一九九七年我到日本京都渡假，慣例一定繞到京都大學附近逛逛，在老店「進進堂」裡吃一頓簡單、卻滋味淳厚的咖哩飯，入舊書小舖，找到了一套文庫本的河上肇自傳，心情大好。

然後進了京大校園，發現那一年剛好是京大創校百年。讓我意識到「京大百年」的，不是什麼樣的慶典，不是什麼樣的華麗布置，也不是什麼樣熱鬧的學生活動，而是一張近乎簡陋的海報，上面寫著：「京都大學與殖民政策——反省百年京大犯過的錯誤」。

那是京大法學院教師團體辦的座談。我直覺以為那一定是激進的團體，特立獨行帶著唱反調意味的活動。然而，在校園裡走了一圈，我愈走愈驚訝，甚至該說，愈走愈感動，因為法學院教師團體的活動竟然不是特例，放眼望過去，和「京大百年」主題相關的訊息，一半以上都是批判性、反省性的議題。

這是什麼樣的學校？或者該問：「為什麼會有這樣的學校？」換做任何其他學校，百年的特殊日子，一定是努力去創造出一種光榮與炫燿的氣氛：「看啊，多麼了不起，我們這樣一所學校在一世紀間有那麼大的成就！」一定想辦法凸顯學校最光彩的一面，自己將學校的歷史形象塗抹得愈漂亮愈好。

京大卻用這種冷靜、憂鬱、近乎憤怒的方式來「慶祝」學校百年？這所學校的老師和學生在想什麼？這所學校的領導，又在幹什麼？那幾天，我參加了幾場「京大百年」的活動，我的日語程度、對京大的了解不足以讓我聽懂會場中所有的討論，然而如此有限的理解，卻已經夠給我清楚的答案了。京大的老師、學生，他們用批判學校、批判校史，而不是張揚學校成就，來表達對於學校的驕傲與敬意。

他們一再提到京都大學與東京大學的差異。東京大學是日本政治的骨幹，從戰前軍國主義政府到戰後自民黨政府，一貫如此。而京都大學始終扮演從左翼批判制衡權力的角色，在許多不同學科領域，都有自成一格的「京都學派」，而幾乎毫無例外，「京都學派」都比主流的學派來得大膽、前衛、激進些。

這些批判學校的老師、學生，其實都熱愛京都大學。他們覺得凸顯、保持京大榮光的方式，就是堅守批判立場。京大百年，學校不可能沒犯過錯誤，藉此機會將批判眼光轉回自身，才真正符合京大的傳統，才真能確保京大和其他學校，尤其是和東大的不同。

京大曾經犯過的錯誤之一，是積極參與了殖民統治，尤其是對於台灣的米糖剝削。他們討論這件事時，不會知道台下有一個來自台灣的台灣人，因為他們討論得如此認真、激烈，而幾度熱淚盈眶。

愈多強迫，學生愈難自主

幾年前的事。我去參加北區技職院校學生文學獎評審，評到一半，突然有强烈的衝動，希望會場一旁站著的兩位服務同學，可以坐下來休息一下。

兩位同學穿著正式，還特別戴上了白手套，從一開始就負責引導我們這組的評審，等到我們開始投票，你一言、我一語評論各篇文章，她們就直直地站在主持老師的座位邊。我察覺她們還站著時，評審已經進行快一個小時了，一念閃過，我想還是別僭越老師的權力，而且估量評審過程應該再十分、十五分鐘可以結束吧，我就將到了嘴邊的話吞了進去。

沒想到我們三個多嘴的評審，竟然又評了一個多小時，而且在你來我往的討論中，我腦袋裡沒有了這件事，那兩位同學就因此又多站了一個多小時。評審結束，我覺得很不忍，而且很自責。那樣站著不會是件舒服的事，更重要的是，她們的不舒服完全沒有必要，她們坐下來完全不會影響任何人，一直站著也不會給評審過程增加任何好處。

我很不能忍受這種「不必要的不舒服」，更不能忍受自己竟然容許這樣的事在身邊發生，明明出口說一句話可以改變情況，卻沒有做、忘了做。

評審結束後，我留下來參加頒獎典禮，主辦學校的校長來了，很熱情、很客氣，可是有點熱情過頭了。校長頒獎時，要和得獎同學合影留念，校長竟然要求同學一起比出「YA」的手勢。更誇張的，頒完獎大合照，校長又要大家，包括得獎同學和評審老師，統統一起伸直大拇指說：「棒！」

我身邊一位詩組的評審嘟噥地說：「這很難啊，我做不到。」我苦笑以對，說：「那就不要做啊！」這位校長一定從來沒想過，有同學會不想、不願意比出「YA」的手勢；也一定從來沒想過，世界上有像我這樣的評審，認為在鏡頭前集體伸大拇指說「棒」，是件愚蠢到家了的事。

不能說他有什麼錯，只能慨嘆：這位校長顯然缺乏基本的「同理心」，從自己出發，不太考慮別人的感受。

差別只在這裡，兩個同學站在那裡讓我極度不安，因為設身處地想，我覺得那樣一定不舒服。我希望的是讓她們不要被迫站在那裡，可以選擇坐下來。當然如果她們自己選擇要站著，也沒什麼不可以。

儘量不強迫，尤其儘量不要用自己的喜好，強加在別人身上，要求集體統一，去製造「不必要的不舒服」，這是我認為教育，尤其高等教育，應該抱持的基本態度，可是顯然我們這個社會的習慣卻不是如此。

典禮莊重或媚俗，其實不是真正的重點，重點在我們有太多強迫參加的集體典禮，看到被強迫來的學生心不在焉、低頭瞌睡，於是辦典禮的人就覺得應該搞笑、應該學各種流行手法，讓大家覺得「有趣」。

這人覺得「有趣」的，那人可能覺得低俗、肉麻。與其搞各種「有趣」，為什麼不是別強迫大家去參加這麼多典禮呢？

培養專業需從根本下手

每年夏天，一、二十萬年輕人結束了他們在學校裡長期學習的過程，投身進入職場。現在，這一、二十萬年輕人絕大多數都是大學畢業生，換句話說，他們在學校裡至少當了十六年的學生，經過了漫長準備，才開始人生的職場階段。然而，他們準備好了嗎？他們究竟準備了哪些就職條件呢？

我們不妨從一個簡單的事實來檢驗。台灣的農業早已萎縮，傳統製造業早已外移，高科技業對精密機器的依賴高過於大量用人，導致的必然結果是：大部分的年輕人，勢必要進入廣義的服務業中求職謀生。

不同服務業有不同的服務對象，然而，服務業共同的根本就是：人對人的工作。農業是人對土地、工業是人對物的工作，服務業必然是人對人的工作。因而服務業的一項共同條件，就是愈了解人的需求，愈容易上手、愈容易成功。了解人，指的是了解別人，進而瞻前預想別人的需求，搶先提供滿足別人需求的服務，這正是服務業市場競爭的關鍵。

依照這樣的環境條件，很容易可以推論：要培養大量服務業人才，學校最應該要教的核心能力，是如何設身處地替別人著想，如何運用想像力理解、洞識別人的感受。試問：那麼多大學、那麼多科系，哪一所大學、哪個科系曾用什麼方式訓練、培養大學生這方面的能力嗎？

以我自己熟悉的新聞工作為例，一個稱職記者的基本要求，就是找到受訪對象，問對的問題，得到好的答案。落實在工作上，什麼是記者要問的「對的問題」？只有對受訪對象有相當程度的認識、理解，並且能夠在訪談過程中隨時察言觀色，正確判讀受訪者的心情反應與思路變化，才有可能找到「對的問題」，「對的問題」不是一套標準模式，沒有可以抄用的範本，非得在臨場中反應尋找不可。

然而，我們看到太多學校裡完成「科班訓練」的年輕人，完全不知道如何採訪，完全不知道如何做採訪準備。他們的共同缺陷，是對受訪對象沒有好奇、興趣，因而也就沒有「異質想像」。不管要訪問的人多大年紀，有什麼樣的資歷與經驗，他們都不覺得需要去深入理解別人必然不同的生命態度與人格傾向，年輕記者想當然耳把每個人都當作像是他自己，或他有限交往範圍內的同學朋友，用自己的想法、自己的語法，而不是別人的想法、別人的語法發問。這樣採訪，如何得到受訪者認同呢？不被轟出來已經算是幸運了，還能問出什麼精采內容來？

同樣的想像匱乏狀態，也表現在對讀者的草率態度上。他們從來不曾意識到具體的有血有肉的讀者，有不同閱讀喜好與習慣的讀者，提起筆來就照自己的意思、自己的口語書寫，不管讀者看得下去、看不下去。

這種年輕人要如何當好記者、做好新聞工作？奇怪的是，愈是根本的能力，學校教育愈輕忽。學校裡沒教他們怎麼去理解不同性別、不同年齡、不同社會階層、不同生命經驗的人，也沒教他們如何謙卑地暫時放掉自我，去揣摩別人的喜怒哀樂、生命感受。

充滿自我，只有自我算數的人，只能接受服務，如何提供服務呢？整個社會教育體系都不講究這種謙卑、尊重理解他人的能力，這個社會的服務業又怎麼可能有所提升呢？

敬業才可能專業

新聞記者最重要的工作，是採訪新聞，簡而言之，取得新聞最根本的方法，就是找到對的人，問對的問題，得到對的答案。

新聞工作攤開來看，其實還真明確、也真單調。基本上就是不斷找人、約人、問問題、記錄整理人家給的答案，如此而已。也因而一個長期跑新聞的記者，很容易陷入各種毛病裡。這是多年來，我總是憂心忡忡、反覆提醒年輕記者的。

最常見的毛病，是養成凡事都用問的習慣。想到一個問題，直接反應的動作就是去抓電話，打電話找不著這個人，就換號碼撥給另一個人，如果都問不到，就焦躁、挫折。

抓電話成了直接反應，也就不會去分析問題的基本性質是什麼？所需要的又是什麼性質的答案？是立場、意見，還是資料、事實？立場、意見找人問，有道理、也有其必要；可是資料、事實呢？比較正確的方式應該是自己去動手搜集吧！

抓電話成了直接反應，記者本身就成空洞化，沒有自己累積的知識，凡事都依賴採訪對象。這樣的記者，要如何能問出特別、有意義的問題？多半就只能想當然耳，問些人云亦云的問題，要如何寫出精采的報導？

空空洞洞的記者，也就無能去辨別受訪者所說的話，忘了比對、辨別受訪者所提供的回答，也是記者的責任，不比對、不辨別，在「撿到籃裡的就是菜」的態度下，一個記者不只寫不出好報導，更糟的是，還很容易成為別人利用來放話、製造新聞的工作。

可是承擔比對、辨別責任，必須先有那樣的能力。必須累積有系統的知識與經驗，才有辦法將受訪者所說的話，置放進系統裡給予定位。換句話說，記者要擁有比受訪者完整、龐大的架構，透過架構來辨別受訪者訪談內容的真偽與好壞。

先有自己明瞭、不需要問人的穩固基礎，於是可以揀擇對的、好的意見來整理、寫作，那過程對自己又是一段學習成長的經驗。

看來，因為網路的存在，因為使用網路的習慣，許多人不幹記者，卻也已普遍有了記者的職業毛病，不想花精神、費腦筋去學習、去形成知識，只想方便用問的。問各類大神是問，跑去作者部落格留言也是問。

問來問去，根本問題無法解決：你如何判斷別人給的答案？你如何從別人給的答案中學習、成長？做報告本來是知識成長的重要手段，可是老師出的報告題目因循潦草，學生填充報告內容的方式是用到處發問的，那麼寫報告反而使學生腦袋變空，資料怎麼來，就怎麼交，資料從電子信箱裡來，就又馬上從另一個信箱交給老師，裡面完全不經過自己。

這種到處亂問的懶惰習慣，真要不得，不是因為對誰禮貌、不禮貌，而是對自己的智力不禮貌，坐視自己大腦空洞化而不在意，令人遺憾啊！

高下在技術之外的素養

大陸出版了賈西亞·馬奎斯（Gabriel Garcia Marquez，他們譯作加西亞·馬爾克斯）演講集《我不是來演講的》，收在書裡的講稿，幾乎沒有一篇稱得上「長篇大論」，令人意外的是，其中最長的一篇，竟然是在「美國報業協會」年會上的演講，講的是新聞。裡面有些話，證明了當記者的資歷，對馬奎斯來說，和作為一個文學家同等重要。

演講中他說了許多讓做了多年新聞工作的我，邊讀講稿邊點頭的話。會不會因為是馬奎斯說的，我們的新聞工作者，比較願意停下來聽聽呢？

有些人四處吹噓著自己能反著看懂部長桌上的機密文件，不以為恥，反以為榮；他們還會不經允許，擅自錄音，或將事先說好絕不公開的談話公之於眾。最嚴重的是，這些有悖道德的行為，卻正契合了新聞勇往直前，不惜一切代價，衝破一切障礙，揭黑幕、搶獨家的基本理念。因此，行內人士無不自覺並自豪地遵守實行，而對獨家新聞比的不是誰發得早，而是誰發得好這一點置若罔聞。

得有人提醒記者：（錄音機）不是人腦記憶的替代品，……錄音機聽得到，但並沒有真的在聽；能錄音，但不思考；忠實，但沒有人情味。總之，僅靠它逐字逐句，一字不漏地記，還不如現場仔細聽，腦子裡多琢磨，好歹心裡有數。（用錄音機的）弊端是不少採訪者只顧想下一個問題，根本不聽對方回答。

訪談是記者與某個對事件有所思考、有所感悟的人之間的對話，而報導則負責細緻入微地將事件如實還原，讓讀者有身臨其境之感。這兩種體裁互為補充，完全沒有必要互相排斥。……要時刻謹記——大家似乎都忘了——調查研究並非新聞學裡的某個專業，從最根本的定義上來說，新聞學就是調查研究的。

新聞系會成為眾矢之的，並非全無道理。也許是因為新聞知識教了不少，真正對職業有幫助的卻沒多少。也許，他們應該索性去教人文，雖然看上去沒那麼神氣，卻能幫學生把薄弱的高中文化基礎夯實打牢。

注意到了沒？馬奎斯的建議，不是大學新聞系應該教更多「對職業有幫助」的現實技術，而是回頭教人文、教文化，的確，那才是真正有用的做法。

離開學校更要學習

夏天裡，眾多畢業生離開學校，有的是從這階段的學校轉入下一個更高階段的學校，還有一部分的人，則是完全結束了學校學習的生涯，必須面對人生另一個很不一樣的場景。

對於這些不再做學生的人，我忍不住有點建議，不是什麼了不起的大智慧、大訣竅，卻可能真的對要進入職場的新鮮人有點具體幫助。

第一個建議是：一旦離開學校，就要趕緊遺忘掉自己求學過程中曾經有過的豐功偉績，甚至包括剛拿到的那張還熱著的文憑。你要學習，趕緊學習到如何將學校經驗放入對的脈絡下來理解。

很多在學校裡獲得的成就，不管是第一名成績、校際籃球賽單場最高得分，或社團裡辦過的轟轟烈烈活動，都是因「學生身分」而被放大了。因為你是學生，學生就寫得出這樣的文章，人家會稱讚；學生就做得出這樣的研究成績，人家會給獎狀獎勵。

可是你今天不再是學生了，你必須要放棄以前學生時代的標準，用更高的，近乎絕對、而非相對的標準來看待自己、要求自己，不能再自滿於「在學生當中我表現很好」，而要誠實地問：「在所有人之中，我的表現究竟如何？」不跟其他學生比，你的作品，不管是文學的、科學的或設計的，放在所有創作者之間，有怎樣的地位與分量？

你的那一張文憑，就算是台灣第一流大學，也只是從學生角度看，才如此重要。進到社會，你會發現跟你文憑一樣好，甚至比你更好的，如過江之鯽。至於那些學歷沒你好的人，他們也早就培養了忽視文憑、甚至瞧不起文憑的價值與本事。

別沉迷於學生時代的風光，你才有機會獲得一種謙虛，以及從這份謙虛而來的沉穩。你也才有機會真正認識什麼是好的和最好的。一個人在一件事上有多高的價值品味，也就決定了他在這件事上能向上追到多高。一個根本認不出終極好物的人，怎麼可能培養做這些好物所需的手感呢？

還有一個建議：離開學校，一定要自覺、花工夫地去「unlearn」過去在學校學到的東西和養成的習慣，尤其重要、卻也尤其困難的，是改變你與知識的關係、你學習知識的方法與態度。

不能再為考試而吸收知識，別再用應付考試的方法接近知識、吸收知識。要轉而為自己吸收知識，知識不是外在、身外不相干的事，左邊進來為了讓右邊可以出去回答考卷題目。知識是為了改變自己而學的，改變自己的能力、改變自己的視野、改變自己的價值信念、改變自己的氣質氣度。不能改變你的知識，要嘛那知識根本不值得學習，更有可能的，你用了錯誤、浪費的方式吸收知識。

多少在學校裡、在學生時代被視為理所當然的事，離開學校就不再是那麼回事，多少在學校裡幫助你應付功課、當優秀學生的條件，離開學校後轉頭變成你最棘手的問題，變成你能有效經營生活與事業最強大的阻礙。
畢業，不是件容易的事，至少比大部分畢業生想像的，要複雜艱難的多。

第7課——敬業自重：媒體也深負教育重任

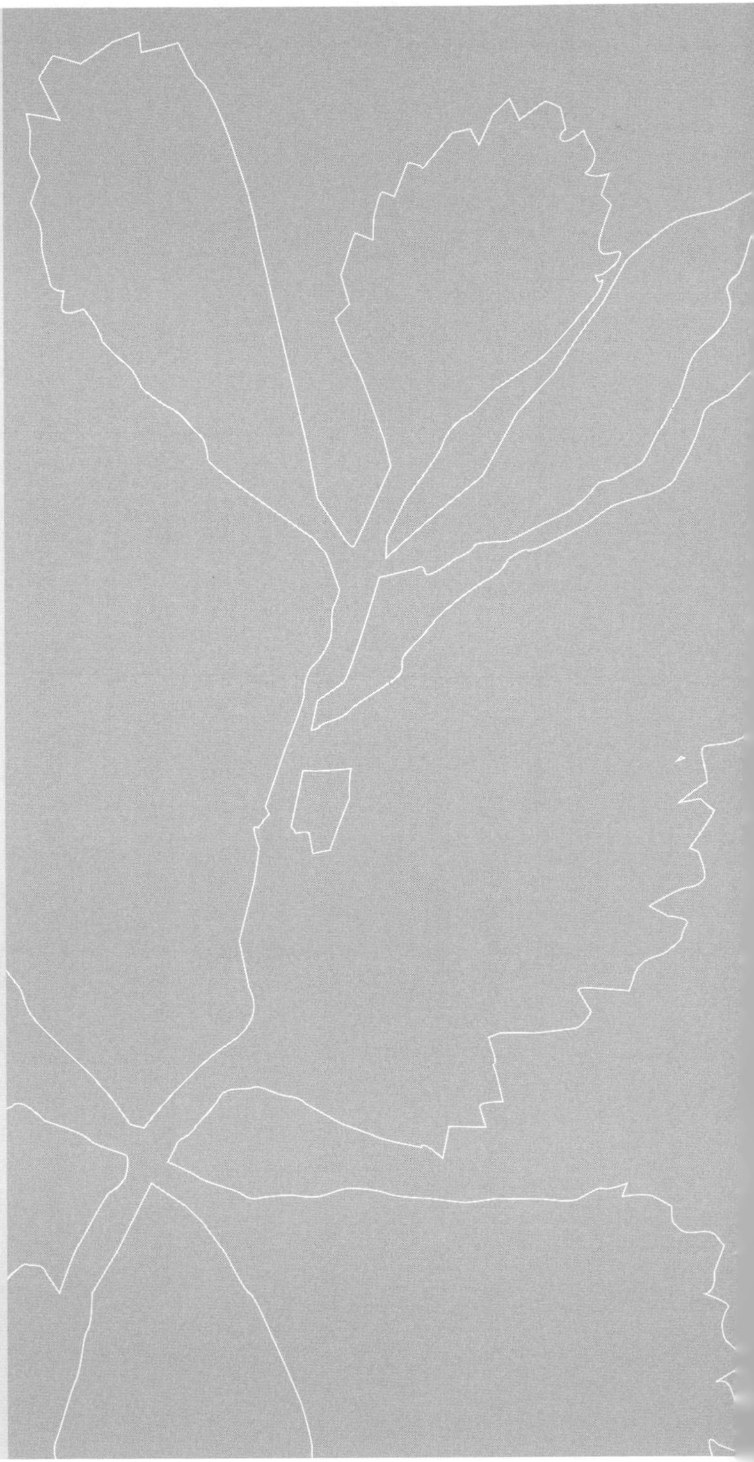

有「整人」節目，就有「霸凌」校園

「校園霸凌」是個新說法，然而其行為本身，卻絕對不是什麼新東西。換用舊說法、更明白的說法，「霸凌」就是「整人」，以大欺小、以多欺少的整人行為，發生在校園裡，就是「霸凌」。

還原「霸凌」就是「整人」的本質，我們可以更清楚看出這個問題的根源。小學生、中學生在學校裡熱中於霸凌行為，覺得霸凌「好玩」，因為他們每天從電視上獲得的訊息就是如此，多少收視率最高的綜藝節目，從頭到尾唯一的「賣點」，就是整人，想盡各種整人辦法，看著被整的人大家哈哈直笑，覺得真是「好笑」。

這樣的節目，完全從整人者的視角出發，讓觀眾認同於整人的感覺，沒有一點對於被整者痛苦的同情。刻意製造出來的歡樂氣氛，明明白白傳遞了一種價值：整人好好玩，想出辦法來整人，很酷、很了不起。

看電視的小孩，不會了解節目中的表演性，不會了解整人與被整之間的工作關係，被整的人基於表演需要必須忍受其過程，而且也從中獲得了金錢或名聲上的酬勞。小孩會看到的，只有「整人好好玩」，他們回應刺激的方式，只會是學習、模仿，在現實上尋求整人的樂趣。

現實裡不會有人自願被整，於是想整人的，就必須找到那種無法拒絕的對象，來遂行其整人行為。結果是最殘酷、最不文明的強凌弱、衆暴寡，一種沒有正義感、更沒有同情心、同理心的校園環境。

這不是行為合不合法的問題而已。換句話說，不只是法治教育的問題，這是更根本的文明態度問題。日日在如此野蠻的環境中長大，不論做為整人者、被整者或旁觀者，其內在性格都必然是扭曲的。我們不能想像、不敢想像，這樣的人長大後將組成一個什麼樣的社會，誰還願意活在這個社會裡，還能在這社會中感到安全，進而追求幸福呢？

不只當「知識工作者」，更要當「知識份子」

「知識份子」是什麼？不管從中國「士」的傳統看，還是從西方的歷史經驗看，「知識份子」最簡單、最清楚的定義都是：「以知識力量介入社會，影響社會的人。」

兩項條件檢驗「知識份子」，第一，他必須「介入社會」，不能只在書房裡追求自己的知識精進而已；第二，他介入社會的方式，是靠他的專業知識，而非其他。

大學教授必須具備一定的知識背景，他工作的主要內容也是吸收、研究、傳播知識，所以，每一個大學教授都是「知識工作者」，但大學教授卻不必然就是「知識份子」。

台灣當然不缺大學教授。二十年來，台灣高教系統快速膨脹、擴張，到處蓋大學，也就到處都有大學教授。然而弔詭地，大學教授愈來愈多，「知識份子」

卻愈來愈少。

大學教授愈多，社會對教授的敬意也就相對愈少。大學教授愈多，教授的平均水準也就相對愈低。又為了競爭有限的資源，在目前的制度下，大部分教授把時間都花在拚論文點數、爭取研究經費上，連教書常常都有一搭沒一搭了，哪有精神、精力扮演介入社會、影響社會的角色？

更嚴重的，少數積極參與社會的教授，他們的發言、表現和專業知識，沒有必然關係。幾位在電視政論節目兼差「名嘴」的教授，頂著教授頭銜，可是他們表達的意見，跟沒有教授身分，沒有知識工作背景的其他「名嘴」，有什麼兩樣嗎？他們真的是在電視上提供政治學、社會學專業知識，才被認識、才受歡迎的嗎？

不幸的是，台灣畸形的電視生態保證，如果真的有知識良心，站在知識專業立場講話，根本就沒有機會成為「名嘴」，更不可能有一百四十四天內上一百零三次節目的機會。

找「名嘴」不難，沒有大學教授，電視製作單位一樣可以找到、炮製出其他

「名嘴」。「名嘴」不管是不是大學教授，對台灣社會大概都不會是什麼正面的影響。難的是找到「知識份子」來提供知識，影響社會、改革社會。「名嘴」們在電視上講得天花亂墜，造成的亂象，只有靠真正的知識與理性來予以冷靜治療。

但是，我們的「知識份子」在哪裡呢？

切莫淪為低投資、低成本、低創意的國度

台灣政論節目的濫觴，是一九九五年開播的「全民開講」。那個年代，出現政論節目，有其充分的背景條件。

背景條件之一，是台灣社會爆發出高度的政治熱情，戒嚴四十年的封鎖逐漸被民主開放的氣氛取代，過去不容許的高層次選舉，加上日益壯大的反對黨勢

力，都使得政治領域鬧熱滾滾。政治取代了棒球、股市，成為真正的「全民運動」，大家在政治議題上投注了空前的關心，還有空前的熱情。

一九九四年底首次開放的院轄市長及省長選舉，是重要的轉捩點。選舉中突破了過去所有政治禁忌，讓台灣人擺脫陰影，自信且無所顧慮地大談特談政治。與此同時成熟了第二項社會條件，那就是讓大家可以發聲大談特談政治的媒體管道。九四年選舉最有效的宣傳工具，不再是舊式的雜誌、傳單，而是到處冒湧出來的地下電台。電訊科技大進步，加上管制鬆動，湊一點錢，找一棟制高點大樓，就可以辦起地下電台。電波一送出去，就有人聽，更重要的，就有人打電話進來參與討論。

地下電台不像正規電台需要準備節目。地下電台節目真正的提供者不是電台，不是主持人，而是call in的聽眾。最能刺激call in的，當然是政治、選舉話題，電台是所有衝口而出政治意見的匯集處。

地下電台開放形式的試驗，給了當時同樣新開放的有線電視重要啟發。有線電視剛剛起步，要如何和原本根底深厚的無線電視台競爭呢？必須要靠播映無線電視台不能播的內容。

同一個時期，台灣有線電視出現兩種挑戰無線台尺度的方向，一是像「彩虹頻道」那樣的情色內容，另一就是像「全民開講」那樣的政治內容了。

政治內容還比情色內容更有利，因為政治內容，尤其是談話內容，製播上更方便、更便宜，沒有什麼前製成本，也完全不需後製，只要準備攝影棚，現場直播，錄完也就播完，也就沒事了。

政治性談話節目移植地下電台形式，開放 call in，給觀眾在電視上發表意見的滿足快感。不過電視和廣播電台畢竟不同，call in 只有聲音、沒有畫面，完全浪費了電視在影像上的優勢。

這些條件湊在一起，促成了政論 call in 節目的崛起，但也因為這些條件的限制、制約，讓政論 call in 節目，怎麼看都應該是一時的、過渡的現象。

因應解嚴而來的政治熱潮，不可能一直維持。民主制度建立後，政治必定常態化，也就不會再有那麼多刺激性情緒可供節目利用。地下電台的游擊戰打法，也是可以短期衝刺，卻絕對不利長期經營的，更何況電視上大量填塞只有聲音、沒有畫面的call in內容，觀眾怎麼可能一直忍耐？怎麼可能不提高要求，逼電視台給更充實、更多樣的內容？

然而一晃眼，二十年過去了，當時特殊條件塑造出來的政論call in節目，卻沒有消失，繼續在台灣社會上存在，這實在是件令人驚訝的事。於是，格外值得探究的問題也就成了：為什麼台灣社會淘汰不掉這些低投資、低成本、低創意的電視節目呢？

一％收視思維扼殺媒體專業，阻礙社會發展

認真分析，使得電視政論節目能夠抗拒過渡性質、繼續存在的因素，幾乎都指向台灣社會扭曲、歪斜的不幸狀態。政論節目依靠台灣的種種停滯困惑，才一直沒有消失。

十幾年來，台灣電視媒體環境遲遲沒有正常化。電視本來是高度資本密集、創意密集的行業，然而台灣的特殊情況，卻使得電視維持在低度秩序、低度開放的混戰環境裡。舊無線電視台缺乏效率、快速沒落，新興有線電視台投資不足，人才不足，整體效果就是讓這個領域始終擠滿了平庸的經營競爭者，不曾出現真正的雄才霸主。平庸的經營者誰也贏不了誰，沒有霸主吞併大塊版圖，結果就使得市場高度分眾化，配合上畸型、細碎的分時收視率調查，眾多電視台都在同樣的分眾細碎基礎上經營，沒有大眾視野，更沒有大眾市場的財力與品質標準。

市場切割，意謂著每家電視台能分到的餅，都只夠糊口，不足以飽暖。十幾年中，同一套經營邏輯瀰天蓋地籠罩電視環境，電視台只求做節目爭取一％的收視率，賺取相應的市場收入；電視台永遠處於口袋短線的戒慎恐懼裡，絕對不敢大手筆投資做節目，更沒有雄心搶更大的收視群，追求更高的廣告占有率。

短線的口袋必然帶來短線的眼光。「螞蟻雄兵」邏輯成了電視經營的鐵率。只願花一點點錢做節目，也只期待每一個節目帶回一點點收益，節目開得很多，但都是「小節目」，沒有「大節目」。

「小節目」林立，當然就給了低成本的政論 call in 節目存在、甚至發展的空間。每個節目只需要操作吸引一%的收視率，自然也就引導政論 call in 節目承襲一種製作公式。

公式一，不必追求吸引同一批觀眾從頭到尾看下去，只需每個時段都有些辛辣言論，讓手持遙控器的觀眾眼光停留一下。看了幾分鐘，他發現並沒講出什麼了不起的東西，轉台離去了，沒關係，只要繼續「辣」著，會有別的觀眾停下來看看聽聽。

所以政論節目的一%收視率，和連續劇的一%，實質內涵大不相同，連續劇主要是那一%的觀眾從頭看到尾，政論節目卻是不同的七、八%觀眾來來去去，但每個人只停留了幾分鐘！

公式二，節目一定要有鮮明政治立場，以便拉住「死忠」觀眾。要「死忠」，訴求的一定不會是每天不一樣的討論思辯，而是日復一日讓觀眾能夠安心預期的立場。「死忠」來自於他已經知道自己想聽什麼，所以才轉到這台來守著看、守著聽，從中得到安慰與滿足。

「死忠」觀眾不會多，也不必多。〇．三％的基礎，在這種零碎收視結構下，就很夠用了。〇．三％打底，加上流動的幾萬觀眾，這個節目收視條件就成立，足夠賺回與低廉製作費相抵有剩的廣告費了。

拉「死忠」觀眾直接有效的辦法，就是讓他們看到熟悉的面孔。這個來賓會有什麼樣的立場與意見，觀眾清楚明白，他就會曉得自己要不要看這些節目，這又是養「死忠」觀眾的法寶。

所以，每個政論節目邀請上節目的來賓，不只立場愈來愈接近，而且人選愈來愈固定。最棒的來賓，是永遠不改是非立場，每次卻能用不同話語講同樣意見的人，慢慢地，節目制約、訓練了來賓，來賓也依照節目立場選邊站了。

這樣省事經營一％收視率，當然讓政論節目立場兩極化，當然反過來激化社會上政治態度的對立。政論節目一步步墮落到連表面上討論的妝點都不必維持，於是根本討好極少數人的政治意見，就在電視上被放大成為政治意見的全部。

劣幣驅逐良幣，在這種少數邏輯操作下，真正討論政治的節目活不下去，願意多投資、充實政治新聞內容的節目也活不下去了。討論性的節目受議題影響、受專家來賓表現影響，變化較大，不會每集都「辣」，更不會每集都有一樣的立場，也就沒辦法養「死忠」觀眾做基礎。至於比較精緻的節目，在內容上投資的花費無法必然換成廣告收入，也就很難為短視的電視台經營者青睞了。

在電視環境無法改革的情況下，選舉結果使政治上變天，恐怕很難真正讓政論節目變得不一樣。這家電視台今天挺綠，明天可能挺藍；那家電視台今天罵民進黨，明天轉而罵國民黨，但他們都無法改變最令人無奈的現象——少數極端政治意見盤踞電視媒體，甚至綁架多數政治思考的現象。

更弔詭的是，注意討論這些政論節目的轉型、轉向，非但無助於催生健康的政治環境，反而可能進一步加强政論節目的畸型影響力。我們心知肚明，不管怎麼轉他們都不可能轉向「中間」，他們必然要去經營少數立場、吸引死忠觀眾，但這個社會上大部分的人的政治意見，卻絕對不會是極端激進，而是中間平和的。

要終止政論節目亂象，唯一的辦法，是認清並定位這些節目的「少數地位」，停止以他們的意見內容為主流的錯覺，有愈多關心政治的人能夠忽視、忽略政論節目在幹嘛、在講什麼，這個社會才愈有機會擺脫極端少數製造的亂象，回歸民主的平衡穩定常態。

媒體有立場，就失去了影響力

美國電視節目「今夜秀」裡有一隻觀眾很喜愛的狗，叫「Insult Comic Dog」。牠不是一隻真正的狗，而是像布袋戲偶一樣，由人將手插在後面操控的布偶。牠最大的功能，從牠的名字就曉得，是講些糟蹋人的話來製造喜劇效果。

二〇〇四年，美國總統黨內初選如火如荼進行中，有一集的「今夜秀」邀請了當時在民主黨初選中領先，大有機會贏得黨內提名的約翰・凱瑞（John Kerry）上節目。不過，凱瑞的訪問，被排在布偶狗表演之後。這隻看來既可愛、又可惡的狗對著鏡頭，一付天真困惑地說：「約翰・凱瑞，總統候選人，還是個越戰英雄，竟然要跟在一隻胡說八道的布偶狗後面？」牠尖叫：「美國到底怎麼了?!」

是啊，美國到底怎麼了？不只是凱瑞，幾乎所有總統候選人，都要上綜藝節目接受訪問，而且通常都不是什麼正經八百的訪問。例如說，跟約翰．凱瑞競爭的霍華．狄恩（Howard Dean）在民主黨內排名第三，他上了「賴特曼深夜秀」，宣布「十種讓自己逆轉勝的方法」，其中第十種方法是：「改喝無咖啡因的咖啡」，第七種是：「什麼也別改——現在這樣好得很」，第四種是：「開始健身，並用奧地利口音講話」（模仿阿諾），第一種呢？「我不曉得，也許是少發一點面紅耳赤、狂怒的脾氣吧！」這不正經，一點都不正經。根本就是配合綜藝節目搞笑嘛！可是上節目搞笑，還不是節目製作人去拜託候選人來炒收視率，相反地，是候選人爭先恐後巴著要去的。

為什麼這樣？一個理由是上綜藝節目，顯現自我嘲弄或被主持人嘲弄的一面，可以「軟化」候選人的形象，讓選民對他感覺親近。有時還能以自我解嘲的方式，處理媒體上的負面報導。

還有另一個重要理由。候選人希望能透過綜藝節目接觸平常對他不熟悉的觀眾，爭取他們的支持。他們沒那麼想上新聞節目、政論節目，因為會看那種節目的人，通常都已經有了明確、强烈的政治意見，他們想法固定了，很難被改變。相反地，綜藝節目的觀眾不怎麼關心政治，也就沒有心目中的支持投票對象，才是候選人最有機會爭取的對象。

美國政治人物的選擇，有其道理，至少總比台灣政治人物只接受特定媒體、特定節目、特定主持人專訪，要有道理得多。節目有明確立場，也就在擴大選票上失去了意義，對著想法固定的觀眾說得嘴角全泡沫，到底有什麼用處？

專業才能贏得尊敬，而非地位

開車經過一座教育大學，停紅燈時看了一眼大學門口的電子看板，發現上面不斷羅列顯示這座大學最近拿到了什麼補助案，每個案子動輒幾百萬、幾千萬。大學顯然將拿到補助案當做榮耀，我卻愈看愈覺悲哀。這些錢到底都做了什麼？成就了什麼？突然之間，我竟想起了美國當代最有名的神偷諾達爾（Blane Nordahl）。

諾達爾小時候一度是個好學生，立志要成為一個建築師。然而，父母離異後，他在學校染上了吸大麻的習慣，課業一落千丈，為了賺錢買大麻，他離開學校去當建築工人，後來一度進了海軍服役，然而，因為開始偷竊，被海軍踢了出來。

諾達爾開始當小偷時，做法很平常，通常是在下午闖空門，屋裡有什麼就拿什麼，而且會反覆在同一個區域偷好幾家，更糟的是，他跟一群人混在一起行竊。

這種小偷對警察來說，好抓得很。所以，諾達爾幾年內連續被逮了好幾次，有一回，他親眼目睹同夥在警察局裡出賣他，要把罪名都往他身上堆，從此他下定決心當獨行俠。

獨來獨往後，諾達爾還戒除了吸毒的癮頭，順便將菸酒，甚至咖啡也一併戒了。他還積極鍛鍊身體，練出强健的肩膀、窄而有力的臀腿。他不再是個一般的小偷，他讓自己轉型成專業的大盜。

他真的很專業。他只偷銀製餐具。他認真研究銀器品牌和價值，隨身攜帶可以檢測銀器成分的藥劑，進到人家家中，除了銀器他什麼都不拿。專偷銀器遠比大部分人想的有道理。銀製餐具重量輕，價值高，銷贓容易，不只舊貨市場很大，而且不容易追查。銀製餐具買來動輒幾千美金，可是沒有人會把這種東西鎖進保險櫃裡。

銀製餐具通常不設防地擺在廚房。美國的房屋設計，廚房一定在樓下，所以偷銀器還不必上樓進到人家的房間裡，更不需要大費周章跟上鎖的保險箱奮鬥。諾達爾於是就可以選擇在黑夜中行竊，在樓下翻廚房也不會吵醒樓上睡覺的人，靠著黑夜掩護，可以有更充分的時間解決警報系統，也不容易被警察或鄰居發現。就算不小心被捕，只破壞門窗，沒傷人，也判不了幾年徒刑，關一下又出來了。

幾年之中，諾達爾靠著專偷銀器，得手的價值超過千萬美金。銷贓折扣後，他平均每天收入高達七千美元左右，二十萬台幣以上。而且更驚人的，雖然錢那麼好賺，他卻幾乎全年無休，天天出門行竊。因為，他不是為了錢而偷的小偷，他是不折不扣為偷而偷的大盜。

諾達爾從來不張揚，他的事蹟，幾乎都是警察追蹤調查後透露的。而每一個追捕過他的警察，談起他都忍不住流露出敬意來。

這是最極端的例子，告訴我們專業和尊嚴如何密切相關。即便是一個違法的小偷，都能靠他的專業態度與作風，贏得尊敬。相反地，如果沒有專業自重、自律的要求，再高的地位，再大的名目，都換不來社會的肯定、尊重。

我知道我的感慨很誇張，就罵我吧，在那一刻，我覺得：把錢花在一些名義上冠冕堂皇，內容卻毫不專業的補助案上，還不如拿去買銀製餐具讓諾達爾偷走算了！

只見媒體操控，不見媒體政策

一八三一年，美國聯邦政府雇用人員總額，大約只有一萬兩千人左右，而這一萬兩千人中，竟然有八千七百人，隸屬於同一個機關。什麼機關那麼大，雇用了超過四分之三的政府人員？

答案是——美國郵政系統。那個時代，美國郵政人員的規模，是英國的四倍，更是法國的十八倍之多。美國政府雇那麼多人搞郵政，有道理嗎？單純從政府財務管理的角度看，顯然沒有太大的道理。歐洲的郵務，幾乎都是自負盈虧的，但美國卻是用聯邦政府預算，大力補助郵局、郵差。聯邦政府除了付薪水維持龐大的郵差隊伍外，還花錢蓋橋鋪路，保證郵件可以在合理的時間內送到。當然，蓋郵局、買郵車、維持送信的馬隊，也要花錢。

換個角度，從社會公平的角度看，這些錢花的有沒有道理呢？乍看下，好像也不是很具說服力。龐大的郵政系統都在遞送些什麼？不是通信郵件，那只占郵政運輸總量的五％而已，另外九五％呢？都是報紙！

美國聯邦郵政簡直就是為了送報紙而設的嘛！而且送報紙的費率，遠比一般信件低得多，所以美國聯邦郵政年年虧損的金額，明明白白是對報紙的補助。沒有這樣的補助，十九世紀美國報業怎麼可能那樣蓬勃發展？

這就是關鍵了。靠著美國郵政，美國新聞報業以歐洲國家無法想像的速度、規模成長，幾十年內就超越了歐洲老牌國家，成為世界第一的新聞王國。那麼多報紙每天提供給那麼多人看，又在短時間內大幅提升了美國的識字率，更為美國社會鋪設了極其難得的共同常識基礎。美國的民主、資本主義生產效率，離開這份共同常識基礎，都是不可想像的。

長遠來看，美國政府做了最聰明、最正確的投資，以公部門的資源刺激、協助媒體成長。而且透過郵政嘉惠報紙的做法，不會獨厚任何一家報社，所有願意辦報的人，都可以利用廉價的郵費降低進入門檻，在報紙上刊登他認為對的、好的新聞與意見。在這種狀況下，報紙必定百花齊放，多元熱鬧發展。

這是國家媒體政策最重要的歷史示範。媒體政策，不是為了拉攏哪個媒體，更不是為了收買媒體，幫執政者說話、宣傳。媒體政策，目標必須是創造一個有利於公共資訊流通的環境，公平提供給不同媒體使用。資訊流通、意見多元，是政府政策投資的目標，至於究竟流傳了什麼樣的資訊與意見，卻不該在政府政策制定與執行的考量之內。

用這樣的標準衡量，我們就能明白，長年以來，不管哪個政黨執政，台灣都還是只有媒體操控，沒有媒體政策，尤其沒有媒體多元環境的投資。